Die Kurzgeschichten spielen hauptsächlich in bekannten Regionen, doch bleiben die Geschehnisse reine Fiktion. Die Figuren dieser Kurzgeschichten sind frei erfunden. Ähnlichkeiten mit lebenden oder verstorbenen Personen sind nicht beabsichtigt und wären rein zufällig.

Bibliografische Information der Deutschen Nationalbibliothek
Die Deutsche Nationalbibliothek verzeichnet diese Publikation in der
Deutschen Nationalbibliografie; detaillierte bibliografische Daten sind im Internet abrufbar über http://dnb.ddb.de

www.niemeyer-buch.de

Umschlaggestaltung: C. Riethmüller
Der Umschlag verwendet Motiv(e) von 123rf.com, Fotos: Sabine Stenzel
Druck und Bindung: Zimmermann Druck + Verlag GmbH, Balve
Printed in Germany
ISBN 978-3-8271-9359-9

Spannende Geschichten
aus Ostfriesland

von Gaby Kaden

„Sünnerklaas, du gode Bloot,
gev mi 'n Stückje Zuckergood.
Nich to vööl un nich to minn,
smiet mi ,t man to'd Schösteen in,
... mit'n langen Band doran,
dat ick't ock man griepen kann!
(Ostfriesisches Kindergedicht zu Weihnachten
von Toni Wübbens 1850–1910)

Wie alles begann …

… im vergangenen Herbst hatte ich die Idee zu einem Buch mit kleinen kriminellen, spannenden, humorvollen, aber auch besinnlichen Anekdoten aus meiner Wahlheimat Ostfriesland. Anekdoten, die um die Weihnachtszeit spielen. Eine Idee, die mich immer mehr begeisterte!

Ich wusste auch schon, wie das Buch heißen sollte und wen ich nach Geschichten von früher fragen konnte.

Und ich wusste, wer das „Covergirl“ sein sollte: meine Nachbarin und liebe Freundin Anne Hallen (84).

In ihr sah ich die „Miss Marple Ostfrieslands“!

Träumen darf man ja. Aber auch kühne Träume?

Nun stellte sich die Frage: Finde ich einen Verlag, der ein solches Buch mit mir herausbringt? Würde Anne sich als Covergirl zur Verfügung stellen und konnte ich meine Freundin, die Fotografin Sabine Stenzel, überzeugen, ein Fotoshooting mit Anne dafür zu machen? Die beiden letzten Fragen beantworteten sich schnell. Beide Mädels sagten spontan JA!

Und mal ehrlich – ist Anne nicht ein supergeniales Covergirl? Nun fehlte nur noch ein Verlag.

Wenn kühne Träume wahr werden …

… kurz vor Weihnachten klingelte das Telefon, der Verleger meiner Küstenkrimis rief an, es gab einiges zu besprechen. Ganz am Ende des Gesprächs fragte er mich, ob ich mir vorstellen könne, ein Buch mit spannenden Geschichten, die in Ostfriesland spielen, zu schreiben. *„Halleluja!“*

Meine kühnsten Träume wurden tatsächlich wahr!

Ich sagte JA! Den Titel hatte ich ja schon, der Verleger war begeistert! Ich ging ans Werk!

So entstand **Weihnachtsanektötchen aus Ostfriesland.**

Als ich dann den ersten Abzug des Covers sah, konnte ich die Freudentränen nicht zurückhalten. So, *genau so,* hatte ich es mir vorgestellt! Danke an alle, die mitgewirkt haben.

Weihnachtsanektötchen aus Ostfriesland

Moin tosamen

und *Herzlich Willkommen* zu Anekdötchen und Anek*töt*chen aus Ostfriesland. Zusammengetragen aus vielen Erzählungen während ostfriesischer Teestunden oder bei lecker Bohnsopp (Kinnertön)*. Bei Beerdigungen, beim Boßeln, Klönen, Geburtstags- oder anderen Feierlichkeiten gehört. Geschichten von früher und heute. Passiert oder erzählt um die Weihnachtszeit! Von mir dann:

Geschüttelt, gemixt und niedergeschrieben.
Spannend, humorvoll, wahr, fantastisch, erfunden,
tragisch oder mysteriös, für Momente auch besinnlich.
Vor allem aber unterhaltsam.

Auch Fantasie ist hier im Spiel, denn es ist doch viel unterhaltsamer, interessante Geschichten zu schreiben, die nicht unbedingt immer ganz der Wahrheit entsprechen, als langweilige, aber wahre Geschichten.

Lasst euch überraschen, denn ich habe Wahres in meine Fantasie und meine Fantasie in Wahres einfließen lassen! Habt Spaß und nehmt es mit einem Augenzwinkern. Ach übrigens … es wird nicht nur gemordet!

Die Protagonisten …

… sind hier gar nicht alle aufzuzählen. Wer aber auf jeden Fall dabei ist, das sind natürlich einige Protagonisten aus meinen Kriminalromanen: Tomke und Hajo, Carsten und Michaela mit den Kindern Marie und Felix, Oma Jettchen und Tant' Fienchen – sie dürfen nicht fehlen.

* Rezept am Ende des Buches zur Geburt eines ostfriesischen Babys

Und nicht zu vergessen …

Danke an ganz viele Helferlein, die mir Geschichten zugetragen und Ostfriesland noch nähergebracht haben (schließlich bin ich eine „Zugezogene“).
Danke an Ulrike Hinrichs-Eiben, an Hermann Hildebrand, an Anne Hallen für ganz viel spannendes „Material“ von früher.
An Thomas von der Insel Spiekeroog (das ist der Mann mit dem Hut aus meinen Küstenkrimis), der mir Geschichten aus seiner Jugend auf der Insel erzählt hat.
Danke an Gesche, seine Frau, für ihre Beiträge und Einblicke in das echte Ostfriesland.
Danke an Hermann Hallen für Ideen und manche Übersetzung up Platt und seinen unermüdlichen Humor.
Danke noch mal an Anne Hallen, die für das Cover zur Verfügung stand (den Braten haben wir natürlich anschließend gegessen). Meine „Miss Marple Ostfrieslands“!
Danke noch mal an meine Freundin Sabine Stenzel für die Coverbilder dieses Buches. Wir haben schon gemeinsam den einzigartigen Bildband KÜSTENBLICK gestaltet.
Danke immer wieder an Kerstin fürs „Mitlesen“.
Danke ganz besonders an alle Mitarbeiterinnen und Mitarbeiter von den CW Niemeyer Buchverlagen. Danke dafür, dass ich meine Ideen umsetzen durfte, danke, Carsten Riethmüller, für das wieder einmal geniale Cover. Danke für all die Unterstützung, Gestaltung und mehr.

Un nu geit dat los …

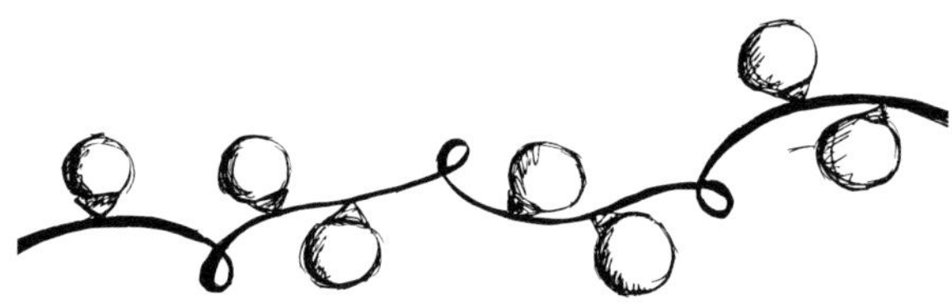

Inhalt

Das gelbe Postauto fuhr so schwungvoll auf die Einfahrt des schneebedeckten Grundstückes, dass es schlingerte und mit laufendem Motor mitten auf dem Wendeplatz zum Stehen kam. Renate Bohrmann, die Postbotin, atmete tief durch, griff sich ein Bündel Briefe aus der gelben Kiste auf dem Beifahrersitz und verließ den Wagen. Sie hatte es eilig, schließlich war heute, zwei Tage vor Weihnachten, unheimlich viel los. Aber auf das jährliche Weihnachtsgeld, das es von manchen Kunden gab, wollte sie nicht verzichten. Hier in Nummer siebenundzwanzig war das eben auch so.

Also warf sie die Post der Familie Etzelsberger nicht in den Kasten, sondern klingelte, setzte ihr schönstes Lächeln auf und bereitete sich auf ein freundliches: „Frohe Weihnachten, hier habe ich Ihre Post", vor. So wie jedes Jahr eben. Der beleuchtete Weihnachtsbaum neben der Haustür war über und über mit goldenen Geschenkpäckchen dekoriert. „Fake!", murmelte Renate.

Im Haus erkannte sie Licht, und durch das gekippte Fenster drang leise Musik. Auf dem Parkplatz standen beide Fahrzeuge der Anwohner, somit musste jemand da sein. Aber niemand öffnete. Renate ging auf die Fußspitzen, reckte und streckte sich, um einen Blick in den Flur zu werfen, jedoch war dort niemand zu sehen. Vielleicht sind sie hinterm Haus, überlegte die junge Frau. Einen Versuch war es wert, schließlich hatte man ihr hier im letzten Jahr einen Zehn-Euro-Schein zugesteckt. Ein nettes Weihnachtsgeschenk. Das wollte sie sich heute nicht entgehen lassen. Mit dem Bündel Briefe in der Hand umrundete sie das Haus. Sicher alles Weihnachtsgrüße, bemerkte sie, denn auf fast allen Umschlägen stand in besonders schöner Schrift: *Eva und Otto Etzelsberger.* Manche Briefe waren mit bunten Sternen oder Tannenbäumen beklebt.

Auch hinterm Haus, beim Blick durch die geschlossene Terrassentür, konnte sie keinen der Bewohner entdecken.

„Da muss doch jemand zu Hause sein“, überlegte sie nun. „Hoffentlich ist nichts passiert und Frau Etzelsberger oder sogar beide liegen irgendwo zusammengeklappt oder gar tot in der Ecke. Das würde mir noch fehlen. Wo sind sie nur?“, fragte sie sich weiter. Schnell verwarf sie den Gedanken wieder. Renate klopfte mit den Fingerknöcheln an die Scheibe, rief laut: „Hallooo! Hallo, Herr Etzelsberger, Frau Etzelsberger, ist jemand da?“, jedoch kam keine Reaktion.

„Mist, verdammter! Na, vielleicht habe ich Glück und muss hier morgen auch noch mal Post liefern“, hoffte sie und machte sich auf den Weg zur Vordertür, um die Briefe doch in den Kasten zu werfen.

Auf Höhe der Garage wurden ihre Schritte langsamer, und sie blieb stehen. Von irgendwoher drang eine Stimme an ihr Ohr. Also war doch jemand zu Hause. Konzentriert versuchte sie zu orten, aus welcher Richtung diese kam. Aus der Garage, ja, aus der Garage drang eine Stimme – bei geschlossener Tür. Das war komisch. Die Autos standen im Hof, im Haus meldete sich niemand, doch in der Garage, bei geschlossener Tür …

Renate setzte schon an, nochmals zu rufen, doch dann stutzte sie. Sie machte ein paar Schritte auf die Garagentür zu und lauschte. Was sie nun hörte, ließ ihr das Blut in den Adern gefrieren.

„Wo bist du, mein Gott?“, drang es an ihr Ohr. Renate erkannte die Stimme der Hausherrin.

„Du wolltest schon lange hier sein.“

Dann herrschte einen Moment Stille, sodass Renate vermutete, dass hinter der Tür telefoniert wurde. Es war ganz klar die Stimme von der Etzelsberger. Dann vernahm sie:

„Verspätung? Und jetzt?“

Stille. Und dann:

„Nein, nur bewusstlos!“

Stille.

„Du wolltest es tun. Du wolltest Otto doch heute endlich erledigen. Wir haben keine Zeit mehr.“

Stille.

„Nein, morgen ist es zu spät! Ich halte das nicht länger aus!“

Stille.

„Wieso ich?“

Stille.

„Ich kann das nicht, er ist schließlich mein …“

Scheinbar wurde sie unterbrochen, denn es herrschte wieder Stille.

„Was soll ich denn jetzt machen? Ich habe ihm mit dem Hammer auf den Kopf geschlagen. Er liegt betäubt vor meinen Füßen, aber sicher wacht er gleich wieder auf. Und dann?“

Stille.

„Noch mal draufschlagen? Oh nein! Ich kann kein Blut sehen.“

Stille.

„Erwürgen? Nein … das kann ich nicht. Das schaffe ich nicht.“

Stille.

„Mit einem Schal? Mit meinem Schal? Ich glaub, mir wird schlecht.“

Stille.

„Es war deine Idee, dass wir ihn …“

Stille.

„Mit dem Beil? Ich weiß gar nicht, ob wir ein Beil …“

Stille.

„Verdammt, du hast versprochen, dass du ihn …“

Renate hatte genug gehört. Sie lief zu ihrem Wagen und griff sich ihr Handy vom Armaturenbrett. Mit schnellen Fingern wählte sie den Notruf.

Es dauerte genau fünfzehn Minuten – Renate kam es wie Stunden vor –, bis mehrere Streifenwagen mit Blaulicht und Signal die Ruhe Ostfrieslands störten und vor dem Haus hielten. Aus jedem der Fahrzeuge sprangen vier uniformierte Polizisten heraus.

„Wo?“, rief einer der Postbotin zu.

„In der Garage“, antwortete sie aus sicherer Entfernung. „Machen Sie schnell, sie bringt ihn um, sie bringt ihren Mann um. Ich habe es genau gehört.“

Und es ging wirklich schnell. Sekunden später hatten zwei Polizisten die Garagentür eingetreten, die Garage gestürmt, der Rest der Truppe rückte nach.

Von drinnen war lautes Geschrei zu hören. Renate hielt es nicht mehr an ihrem sicheren Platz. Sie machte ein paar Schritte Richtung Garage, stellte sich auf die Zehenspitzen und sah Blut, überall Blut. Dann spürte sie etwas zwischen ihren Füßen. Der Blick nach unten gab ihr den Rest. Sie fiel lautlos um.

Zwei Tage später …

Der Tisch war festlich gedeckt. Der Weihnachtsbaum in der Ecke funkelte, eine CD spielte „O du fröhliche …".

„Mein Schatz", meinte Otto Etzelsberger, „eines verspreche ich dir: Für das nächste Jahr kaufen wir unsere Weihnachtsgans wieder tiefgefroren." Er hob das Rotweinglas an und prostete seiner Frau zu.

„Das will ich meinen, du aber auch immer mit deinen Ideen. Noch mal schlage ich unserem Braten nicht den Kopf ab. Ich dachte, mir bleibt das Herz stehen, als die Polizisten unsere Garage stürmten. Aber das Schlimmste war, als Otto dann ohne Kopf und flügelschlagend aus der Garage der Postbotin zwischen die Füße gelaufen und sie wie ein nasser Sack in Ohnmacht gefallen ist."

Kurz herrschte Pause am Tisch, dann lachten die beiden und konnten sich kaum beruhigen.

„Frohe Weihnachten, Eva", keuchte er nach Atem ringend.

„Frohe Weihnachten dir auch, mein Schatz!", gluckste Eva zurück. „Dieses Weihnachtsfest werde ich niemals vergessen. Aber jetzt lassen wir uns Otto schmecken."

„Eine Bitte habe ich, Eva", meinte Otto Etzelsberger. „Bitte nenne unseren Weihnachtsbraten nie mehr Otto", und legte seiner Frau eine knusprige Keule sowie eine Portion der leckeren Füllung vor.

„Ach", meinte Eva dann kauend, „wir müssen Renate noch ihr Weihnachtsgeld geben. Diesmal sollte es aber etwas reichlicher ausfallen."

„Schmerzensgeld", lachte Otto.

„Schreckensgeld", setzte Eva nach.

Bei Oma Jettchen und Tant' Fienchen am 1. Advent

Alle Jahre wieder zu den Adventssonntagen mit spannenden, skurrilen oder lustigen Anekdoten aus Carolinensiel und umzu!

Wer glaubt, an solch besinnlichen und vorweihnachtlichen Tagen wie einem Adventssonntag würden im Haus auf dem Deich bei Oma Jettchen und ihrer Schwester Fienchen nur Backrezepte ausgetauscht, Gedichte aufgesagt oder Lieder gesungen, der irrt. Es war gute alte Tradition, an diesen Sonntagen Geschichten aus früherer Zeit zu erzählen. Ob diese allerdings immer der Wahrheit entsprachen oder auch Döntjes darunter waren? Wer weiß das schon?

Oma und Tant' Fienchen erzählten, die Familie hörte zu. Tomke, Hajo, Carsten, Michaela und Marie hingen an den Lippen der beiden alten Ostfriesinnen. Vor allem die inzwischen zwölfjährige Marie, die immer erpicht darauf war, spannende Dinge zu erfahren. Schließlich wollte sie, wie ihr Vater auch, einmal zur Polizei gehen und Kommissarin werden. Außerdem hatte sie seit einiger Zeit schriftstellerische Ambitionen. Nur der kleine Felix interessierte sich eher für seine Autos.

Heute, am ersten Adventssonntag, versammelten sie sich wieder alle in der Stube der beiden ollen Ostfriesinnen in ihrem Haus auf dem Deich. Die Teestunde war inzwischen beendet, Rosinenstuten und Oma Jettchens Quarkstollen (Rezept siehe Seite 19) aufgegessen, nun saß man bei Kerzenschein und Grog zusammen. Für die Kinder gab es ausnahmsweise Limonade. Oma kündigte die Geschichte der „Nackten Harlespringer“ an.

Alle warteten gespannt, was es damit auf sich hatte. Nur Fienchen, ihre Schwester, schimpfte, schüttelte den Kopf und winkte ab.

„Dass du aber auch unbedingt über diese Sache reden musst!", kam es von ihr peinlich berührt, und sie deutete auf die Kinder. Über solche Sachen sprach man nicht.

Jettchen aber ließ sich nicht beirren und erzählte mit spitzbübischem Lächeln, was früher, wenn der Ort voller Gäste war, passierte.

So begann sie.

„Tomke erinnert sich sicher nicht mehr daran, es ist ja auch schon über dreißig Jahre her. Der Ort war damals noch nicht so voll wie heute, aber doch gut besucht, und die Gäste wollten unterhalten werden. So ließen sich Vereine und Geschäfte immer mal etwas einfallen, um die Leute zu bespaßen, aber auch um Geld zu verdienen. Zwei junge Leute aus der Gegend waren besonders geschäftstüchtig. Die beiden gingen noch in die Lehre und verdienten nicht viel. Jedenfalls nicht genug, um am Wochenende die Diskothek, Partys oder Kneipen zu besuchen und sich mit Zigaretten zu versorgen. So kamen sie auf die glorreiche Idee, die Gäste artistisch zu unterhalten, und es gelang ihnen auf ganz besondere Weise. Die Deern", Oma zwinkerte nun in die Runde, „stellte sich splitterfasernackt auf das Geländer der Friedrichsschleuse, posierte ein wenig, um dann grazil, begleitet von Aaah- und Oooh-Rufen, verbotenerweise in die Harle zu springen." Oma war inzwischen aufgestanden und versuchte die Bewegungen nachzuahmen, was zur allgemeinen Heiterkeit der Anwesenden (außer bei ihrer Schwester) führte. „Die Gäste applaudierten", sprach sie nun weiter, „ihr jungscher Keerl ging mit dem Hut herum und sammelte Spenden. Das Ganze ging gut, bis die Polizei kam, um dem bunten Treiben ein Ende zu setzen. Bevor die Polizisten aus dem Auto gestiegen waren, hatten der Keerl und die Deern allerdings schon das Weite gesucht. Die *Spenden* verprassten sie dann am Abend bei diversen Veranstaltungen. Das geschah im Sommer Wochenende für Wochenende. Ob die Polizisten nur zu langsam waren oder den beiden einfach ihren Spaß ließen, das ist nicht überliefert."

Von den Erwachsenen kam Gelächter, der kleine Felix schaute desinteressiert und spielte mit seinem Auto, Marie aber meinte nach kurzem Schweigen mit Blick auf ihre Eltern: „Coole Idee! Übrigens könnte ich mehr Taschengeld brauchen."

Fienchen wetterte: „Das hast du nun von deinen dummen Geschichten, Schwester. So was aber auch. Setzt dem Kind nur Flausen in den Kopf."

Carsten und Michaela meinten einstimmig mit Blick auf ihre Tochter: „Wage es nicht!"

Oma Jettchen grinste in sich hinein, tat geschäftig, wollte wissen: „Habt ihr alle noch Grog? Ich hätte da noch eine andere Geschichte.“

Marie klatschte Beifall, die Erwachsenen nickten Jettchen lachend zu, Fienchen schüttelte den Kopf. „Aber nich‘ wieder so was. Nix mit Nackten, Schwester.“

Die winkte ab. Diese Geschichte musste sie einfach noch loswerden. Nachdem alle Gläser wieder gefüllt waren, begann sie: „Hier gab es mal ein Hotel, in dem gefährliche Tiere lebten. Ich weiß das übrigens auch nur vom Schnack im Dorf, dort war ich nie. Das Haus steht heute leer, aber damals …“

Sie machte eine Pause, um die Spannung zu erhöhen, blickte in die Runde und fuhr fort: „Was der Besitzer des Hotels früher von Beruf war, sage ich jetzt nicht, sonst rebelliert meine Schwester wieder. Nur so viel: Der Mann war braun gebrannt, trug immer ein offenes Hemd und jede Menge Goldketten um den Hals. Frauen, die ihn besuchten, trugen kurze Röcke und hohe Absätze, sagt man.“ Wieder blickte sie bedeutungsvoll in die Runde.

„Und“, fuhr sie dann fort, „er besaß einen lebenden Puma …!“ Die Augen der Anwesenden wurden groß, Oma sprach weiter: „Einen Puma, den er an der Leine Gassi führte.“

„Nein!“, kam es nun von Carsten. „Jetzt erzählst du uns aber Döntjes.“

Oma schüttelte den Kopf. „Nein! So soll es gewesen sein. Der Puma trug ein mit Diamanten bestücktes Halsband, erzählte man im Dorf.“ Nun war das Gelächter am Tisch groß.

Marie wollte wissen: „War das ein Bordellbesitzer?“

„Mariiie!“, fuhr Tant’ Fienchen nun entsetzt auf. „Also wirklich, Schwester, nun siehst du, was du angerichtet hast!“

Die aber sprach weiter: „Und es kommt noch besser. Außer diesem Puma, der immer im Hotel an der Bar saß, hatte der Mann auch einen schnackenden Papagei.“

Marie klatschte Beifall. „Erzähle weiter, Oma, erzähle weiter!“

„Dieser Papagei lebte sehr gefährlich, denn er wurde mehrmals pro Woche erschossen.“

„Nein!“, meldete sich nun auch Hajo erschrocken. „Wie das?“

„Unterbrecht mich doch nicht immer, sonst vergesse ich noch die Hälfte!“ Oma schüttelte den Kopf und fuhr fort: „Also, auch der Papagei saß mit an der Hotelbar. Er schnackte und schnackte in schrillen Tönen, hielt die Klappe nicht. Wenn es dem Hotelbesitzer zu viel wurde, zog er eine Waffe unterm Tresen hervor, zielte auf das Tier, es knallte, der Papagei fiel um und blieb liegen. Die Gäste in der Hotelbar, die durch Puma und Papagei schon einiges gewohnt waren, fuhren entsetzt zusammen. Nach fünf Minuten allerdings erhob sich der Papagei wieder und begann erneut zu schnacken. Der Mann hatte nicht auf das Tier, sondern auf die Wand neben dem Papagei gezielt, wie man an einem immer größer werdenden Loch erkennen konnte."

Als Oma Jettchen geendet hatte, meinte Tomke trocken: „Da soll mal einer sagen, in Carolinensiel wird den Urlaubern nichts geboten."

„Meinst du, das stimmt alles, was Oma so erzählt?", wollte Carsten leise von seiner Frau wissen. Die aber zuckte nur vielsagend mit den Schultern.

„Erzähle weiter, Oma!", forderte Marie die alte Ostfriesin ungeduldig auf.

Die aber winkte ab. „Nächste Woche, mein Kind. Wenn ihr zum nächsten Adventstee kommt, dann gibt es eine neue Geschichte."

Diese beiden Geschichten werden bei diversen Feierlichkeiten immer wieder ausgegraben und, wie ich vermute, dabei auch immer etwas ausgeschmückt.

Rezept

Oma Jettchens Quarkstollen mit Marzipan
(ohne Zitronat und Orangeat, weil Tomke das nicht mag):

Zutaten:

125 Gramm Butter und 50 Gramm Palmin
300 Gramm Rosinen, dazu ein Schuss Rum oder schwarzer Tee zum Einlegen
500 Gramm Mehl
200 Gramm Zucker
250 Gramm Quark
2 Eier
2 Päckchen Vanillezucker
1 Päckchen Backpulver
1/2 TL Kardamom
1 Prise Salz
200 Gramm gehackte Mandeln
1 Packung Backmarzipan
Rum der Rosinen

Für später:

50 Gramm zerlassene Butter, Puderzucker

Zubereitung:

Butter und Palmin schmelzen – Rosinen in Rum 1 Stunde einlegen

Alle Zutaten (Marzipan in kleine Stücke schneiden) in großer Schüssel vermischen und gut durcharbeiten.

Etwas ruhen lassen, danach einen Stollen formen.

Backzeit 60 Minuten bei 175 °C Umluft.

Gleich nach dem Backen mit zerlassener Butter übergießen und mit Puderzucker bestäuben.

Als Opas Goldschüssel explodierte

Wie aus einem Hinterteil flambierte Entenbrust wurde

Es geschah zu Weihnachten im Jahre ???, das weiß keiner mehr genau. Es ist auch egal.

In einem abgelegenen ostfriesischen Dorf unweit der Küste lebten in einer kleinen Kate Opa und Oma Schrader. Die Kinder waren schon lange aus dem Haus, wohnten in der Stadt. Oma kümmerte sich um die Küche, den Haushalt, die Hühner, den Gemüsegarten und zu Weihnachten um den Weihnachtsbraten. Opa ging voll darin auf, die alte Kate zu verschönern. Immer wieder fand er etwas, das er verbessern, aus- und umbauen konnte. So bastelte er ein kleines Wasserwerk, damit Oma nicht immer nach draußen musste, um das Wasser aus dem Brunnen zu holen. Ja, er baute sogar einen Lokus, damit sie beide auf ihre alten Tage, mit ihren morschen Knochen, nicht mehr zum Haus mit dem Herzen laufen mussten, um sich dann dort den Mors* abzufrieren. Oma schimpfte im Winter regelmäßig: „Was unten warm rauskommt, kommt in der Grube tiefgefroren an."

Nun aber hatte Opa Schrader einen Anbau auf der Rückseite der Kate zusammengezimmert, in dem sich sein bestes Stück, eine „Goldschüssel", eine Toilette mit Wasserspülung, befand.

Oma war begeistert, Opa sehr stolz.

„Ach Opa", rief sie entzückt, als das Werk fertig war, „nun muss ich im Winter keine Eiswürfel mehr pullern."

Ja, Opa war stolz und glücklich über sein Werk.

Die Wände des Lokus hatte er tapeziert, Oma Gardinen mit Blumenmuster genäht und aufgehängt. Dort konnte Opa dann – die Büx über den Knien – stundenlang sitzen, im Anzeiger lesen und dabei seine Pfeife schmöken, denn im Haus duldete Oma den Tabakrauch nicht. Von seinem Sitz blickte er über die Felder in die Weiten Ostfrieslands. Pfeifengeruch und andere Gerüche auch ließ er gern durch die offene Tür entweichen.

* das Hinterteil

Opa war stolz und glücklich.

Immer wenn die Kinder aus der Stadt zu Besuch kamen, führte er sein neues Werk vor. Jedes Mal wurde er brav dafür gelobt, obwohl sie es inzwischen alle kannten. „Mein Paradies", nannte er seinen Lokus!

Opa war stolz und glücklich.

Auch heute saß die komplette Familie in der Stube. Oma hatte Tee gekocht und für den Adventssonntag Buttergebackenes und Stollen auf den Tisch gestellt. Die Kinder erzählten von der Stadt, von Neuerungen, die es dort gab, und von ihrer neuesten Anschaffung: einem Fonduegerät! Die beiden Alten konnten damit nichts anfangen, hörten aber neugierig zu, als man ihnen erzählte, wie das Ding funktionierte und welchen Spaß es machte, gemütlich das Fleisch ins Fett zu halten und dabei ein Glas Wein zu trinken. Omas Augen leuchteten, Opa sah es genau und beschloss, dass das ein perfektes Weihnachtsgeschenk für Oma sein würde. Er beschloss auch, dass man dann am ersten Feiertag schon gleich dieses Fonduegerät ausprobieren müsse. So besorgte er alles, was dazu benötigt wurde. Den Topf mit dem langen Stiel, das Rechaud, den Spiritusbrenner samt Spiritus. An Teller, Gabeln, ja, auch an Fett und verschiedene Soßen hatte er gedacht. Es sollte alles perfekt sein. Von den Kindern wusste er genau, was nötig war. Sein ganzes Taschengeld und fast alles, was er für seinen geliebten Tabak auf die Seite gelegt hatte, ging dafür drauf. Aber Omas Freude war ihm das wert. Fleisch holte er bei Metzger Oldewurtel, Wein aus dem Keller. Nun war wirklich alles perfekt. Am Heiligen Abend würde er Oma mit diesem ganz besonderen Geschenk überraschen. Der Karpfen, den es sonst am ersten Weihnachtstag gab, so beschloss er, durfte noch eine Runde in der Zinkwanne drehen.

Die Überraschung war natürlich groß, als Oma die komplette Gerätschaft ausgepackt hatte.

Opa war stolz und glücklich, Oma skeptisch.

Am ersten Feiertag, gleich nach dem Kirchgang, fing er an, die Gerätschaft herzurichten. Oma schnitt das Fleisch in Würfel, richtete Soßen, öffnete den Wein. Die Kerzen am Weihnachtsbaum brannten, aus dem Radio quäkte es: „Ihr Kinderlein kommet", der Tisch war festlich gedeckt.

Opa war stolz und glücklich.

Es klappte auch ganz wunderbar, die Kinder hatten ihnen das Ritual schließlich ausführlich erklärt. Bis … ja, bis Opa ein Fleischbrocken, und dann gleich noch ein zweiter hinterher, in das Fett plumpste. Er stocherte mit der langen Gabel danach und versuchte verzweifelt, das gute Stück herauszuangeln. Doch es gelang nicht. „Lass es!", meinte Oma, „das holen wir später mit einem Löffel heraus." Aber da hatte sie nicht mit Opas Ehrgeiz gerechnet. Der meinte: „Das wollen wir doch mal sehen! Dat düür* Stück, dat hol ich mir", legte die Gabel zur Seite, griff mit der Hand in den Topf und bemerkte den Fehler sofort. Sein Schrei und noch viele hinterher drangen bis über die Felder zu den Nachbarhäusern. Fett spritzte, Gläser fielen um, Soßen liefen durcheinander und gaben der weißen Tischdecke ein neues Design. Opa sprang durch die Stube und führte einen Tanz auf, so geschmeidig und kraftvoll, dass es Oma an einen jungen Hirsch erinnerte. Das Weihnachtsessen war nun schlagartig beendet, Hermann, der Nachbar, fuhr ihn nach Wittmund zum Arzt.

Als Opa fort war, nahm Oma erst mal einen kräftigen Schluck auf den Schrecken und betrachtete sich die Bescherung. Die Politur des Tisches war im Eimer, die beiden Weingläser lagen in Scherben unter dem Fonduegestell. Die Tischdecke triefte vor Fett, Stuhl und Teppich ebenfalls. Bunte Soßen malten ein lebhaftes Bild. Oma hatte genug. Zum Glück war nicht die ganze Stube abgefackelt. Vom Fondue hatte sie jedoch die Nase voll. Sie goss kurzerhand das Fett samt Opas Fleischbrocken und Spiritus in Opas Goldschüssel und klappte schwungvoll den Deckel zu. „Einmal und nie wieder", schickte sie ihrem Tun nach.

Als Opa vom Arzt zurückkam, hatte sie die Stube schon wieder aufgeräumt und saß im Sessel, um sich zu verpusten. Opa hielt ihr seine verbundene Hand entgegen mit einem Blick, als wolle er sagen: „Da siehst du, was du angerichtet hast."

Oma sagte nichts, Opa ging wortlos in sein Paradies, denn das Ganze war ihm doch auf die Gedärme geschlagen und wollte raus. Dort hatte er mächtig Schwierigkeiten, aus der Hose zu kommen, wie das eben so war, mit nur einer Hand. Endlich war es geschafft, die Hose hing in den Kniekehlen, und Opa hatte sich niedergelassen. Mit der linken Hand versuchte er, den Schniedel ordentlich zu platzieren, griff sich anschließend Pfeife und Tabak aus der Hosentasche. Die Pfeife im Mund, den Tabakbeutel zwischen den Knien, stopfte er das geliebte Stück umständlich. Endlich war es geschafft. Nun nur noch das Streichholz entzünden, den Knösel anzünden, einen tiefen Zug nehmen. Aaaahhh, das tat gut. Opa lehnte sich genüsslich zurück und warf das brennende Zündholz zwischen seinen Beinen hindurch am Spaßmacher vorbei in die Goldschüssel.

* teuer

Rumms … kam es zurück, eine Stichflamme stieg aus der Schüssel hoch und versengte dem Mann das Achternteil. Zum zweiten Mal verwandelte er sich zu einem jungen Hirsch, stieß die Lokustür auf und lief mit hängender Hose und brennendem Hemdzipfel schreiend nach draußen. Neben der Tür ließ er sich mit dem Mors voran in die Zinkwanne fallen. Der Karpfen wunderte sich nur kurz, dann war aus ihm ein Plattfisch und er somit als Weihnachtsessen unbrauchbar geworden.

Oma wunderte sich auch. Die hörte in der Stube Opas Wehgeschrei, griff zum Telefon und rief den Nachbarn an.

„Hermann, ich glaube, ihr müsst noch mal zum Doktor fahren."

Opas Hinterteil sah aus wie eine flambierte Entenbrust. Der Doktor schickte ihn ins Krankenhaus. Dort verbrachte er die restlichen Weihnachtstage wie auch Silvester auf dem Bauch liegend und schwor sich, nie mehr in seinem Paradies zu rauchen.

Den Fondueapparat verstaute Oma im Öken*, er wurde nie mehr benutzt.

Ob das wirklich so oder so ähnlich passiert ist? Man weiß es nicht, man munkelts nur.

* die Abseite (abgeschrägter Nebenraum unter d. Dach)

Bei Oma Jettchen und Tant' Fienchen am 2. Advent

Am Adventskranz brannte die zweite Kerze, die Teestunde war vorüber. Heute hatte es zur Freude von Marie ‚*Tant' Annes Mandelkuchen mit der dicken Rolle*' gegeben. (Rezept siehe Seite 28)

Rum, Gläser und Zuckerwürfel standen wieder auf dem Tisch. Für die Kinder gab es Kakao. Alle warteten gespannt auf neue, spannende Geschichten von früher, die Erwachsenen dazu auf das wärmende Getränk.

Diesmal saß die Familie allerdings nicht in der guten Stube von Oma und Tant' Fienchen, sondern in der Küche. Fienchen war es gelungen, sich durchzusetzen, dass man doch die Stube nicht heizen müsse, wenn man in der Küche den Ofen eingefeuert habe. Oma hatte seufzend nachgegeben, ihre Schwester war nun mal kniepig, den anderen war es egal.

Als der Kessel auf dem Herd zu pfeifen begann, stand Tomke auf, um die Gläser für den Grog zu füllen. Das hielten sie im Haus auf dem Deich folgendermaßen:

Rum bis zum unteren Ansatz des Griffes, dazu zwei Zuckerwürfel und darauf kochendes Wasser bis zum oberen Ende des Griffes. *(Über die Mischung in Gläsern ohne Griff ist mir nichts bekannt.)*

Die beiden alten Ostfriesinnen nutzten seit Jahrzehnten die gleichen Gläser, achteten sehr auf die korrekte Zubereitung. Fienchen, damit nur nicht zu viel Rum verbraucht wurde, Oma Jettchen, damit nur nicht zu wenig Rum in den Grog kam.

Als alle Gläser gefüllt waren, drängte Marie, dass Oma doch nun endlich mit der angekündigten spannenden Geschichte beginnen solle. Sie hatte Heft und Stift wieder bereit, um wichtige Sachen zu notieren.

Jettchen aber meinte: „Heute ist meine Schwester dran, ihr Lieben. Komm, Fienchen, fang an! Aber pass auf, dass du keinen bei seinem echten Namen nennst; wenn Marie das alles mal öffentlich macht, kommen wir sonst in *de Dübels Köken*."

Fienchen schaute unsicher in die Runde, überlegte kurz und begann dann doch.

„Von Nackten bekommt ihr heute nix zu hören, damit das klar ist", meinte sie streng. Dann aber hellte sich ihr Gesicht auf, und die Runde am Tisch spürte, dass die alte Ostfriesin begann, Spaß zu haben.

„Bis weit in die 1960er-Jahre", begann sie, „und bei manchen im Dorf noch länger, war es üblich, sich Schweine am Haus zu halten. Manche eins, andere zwei. So konnte man den Fleisch- und Wurstbedarf größtenteils selbst decken und musste nicht beim Fleischer oder beim Bauern kaufen. Gefüttert wurden die Schweine über das Jahr mit Essensresten, Fallobst, runzeligen Kartoffeln oder Küchenabfällen. Im November gab es ein großes Fest, ein *Slachtfest*, bei dem die Familienmitglieder aus der Umgebung dazukamen, aber auch Leute aus dem Dorf, die kein Schwein besaßen und einige Stücke vorbestellt hatten. Als Entlohnung arbeiteten sie beim Schlachten und Wursten dann mit."

„Das ist aber nicht spannend, du hast gesagt, es gibt eine spannende Geschichte!", maulte Marie gelangweilt und stützte ihren Kopf in der Hand ab.

„Warte es nur ab, Kind, das kommt noch. Übrigens weiß ich gar nicht, ob du das hören sollst."

Nun saß Marie kerzengerade. „Nein, nein, ich will das hören, rede weiter, Fienchen."

Die nickte und fuhr fort: „Na gut, aber wenn du heute Nacht nicht schlafen kannst, ist das nicht meine Schuld."

Carsten beugte sich zu Oma Jettchen hinüber und wollte leise wissen: „Weißt du, wovon sie erzählt?"

Die nickte.

„Ist es sehr schlimm?", hakte er nach.

Oma schüttelte den Kopf. „Marie kann das ab. Wer Leichen im Weihnachtsbaum entdeckt und darüber schreibt, der kann auch das verdauen!"

Inzwischen hatte Fienchen sich von ihrem Stuhl erhoben und begonnen, gestenreich weiterzusprechen. Carsten, Michaela und Hajo wunderten sich – so kannte man die Ostfriesin gar nicht. Tomke und Jettchen grinsten nur.

„Mitten im Dorf gab es damals zwei Familien, die spinnefeind miteinander waren. Es hieß: *Se sünd as Katt un Hund.* Immer gab es Streit, die Jungen wie die Alten ließen bei jeder Gelegenheit die Fäuste tanzen. Gründe fanden sie immer. Und dann, eines Abends *bien slachten, do hät de Bernd*, da hat der Bernd“, wiederholte sie, „aus lauter Wut und Zorn, weil er *keen Swien tun slachten* hatte und hier sicher auch nichts abbekommen würde, den Nachbarn mit dem Mors in den kochenden Wurstkessel gesetzt.“

„Aua!“, schrie Carsten auf und griff sich ans Hinterteil.

„Ja, da hatte der arme Mann auch lange was von, das glaub mir nur. Ganze zwei Jahre musste er regelmäßig zum Arzt, um sich den Mors pudern zu lassen. Aber er hat sich gerächt. Drei Jahre später, beim Straßenfest, geschah es dann. Scheinbar friedlich ging er auf den Nachbarn zu, innerlich allerdings brodelte es in ihm, zog eine Axt hinterm Rücken hervor, hob an und schlug sie dem Nachbarn über den Kopf. Umstehende Leute beim Fest schrien auf, andere, vor allem Feriengäste, klatschten Beifall, denn sie hielten es für einen Programmteil des Straßenfestes. Nur dass die Axt nicht aus Gummi, sondern echt war.“

„Und?“, rief Marie nun mit großen Augen. „War der Mann tot?“

„Nein“, lachte Fienchen, „die Axt war wohl so stumpf, dass er nur eine blutige Schramme, eine dicke Beule und eine Gehirnerschütterung davongetragen hat.“

„Wow! Ich dachte schon, der Kerl hätte zwei Teile aus ihm gemacht! Aber das war mindestens schwere Körperverletzung.“ Michaela wischte sich entsetzt über die Stirn, doch Fienchen winkte ab.

„Rufe nach der Polizei wurden laut, aber hier regelt man so etwas unter sich. Wirklich grün wurden die Kerle sich nie“, sprach sie weiter, „immer wieder gab es kleine oder auch größere Kämpfe. Mal wurden dem einen die Hühner über Nacht geschlachtet, mal dem anderen der Grünkohl aus der Erde gerissen. So manch blutige Nase gab es, vor allem bei Festen und wenn Alkohol im Spiel war. Bernd ist vor ein paar Jahren plötzlich gestorben. Woran, weiß keiner, stimmt's, Schwester?“, fragte Fienchen bedeutungsvoll zu Jettchen hinüber und fuhr fort: „Aber die Gerüchteküche ist bis heute aktiv.“

Carsten war inzwischen aufgestanden, um die Gläser aufzufüllen. Marie machte sich ordentlich Notizen und beschloss, dieser Sache auf den Grund zu gehen. Schließlich wollte sie Kommissarin werden, wie ihr Vater.

Der kleine Felix saß noch immer auf dem Fußboden, plapperte vor sich hin und spielte mit seinen Autos. Zwischendurch wischte er sich mit dem Ärmel immer wieder über den Mund. Michaela forderte ihn auf: „Komm her, Felix, Nase putzen. Du sollst sie nicht am Ärmel abputzen."

Der meinte, ohne aufzublicken: „Mama, das ist doch nur Sabber!"

Eine von Marie eingeforderte zweite Geschichte wurde auf den nächsten Adventstee verschoben.

„Das reicht wirklich für heute, Schatz, sonst bekommen wir alle noch Albträume", meinte Michaela und strich ihrer Tochter über den Kopf.

Man saß noch eine Weile beisammen, dann verabschiedeten sich Carsten und Michaela mit den Kindern ins Nebenhaus, Tomke und Hajo machten sich zu Fuß auf den Weg raus nach Harlesiel. Das Auto hatten sie wohlweislich am Nachmittag gar nicht erst mitgenommen.

So wie alte Geschichten immer mal wieder erzählt und aufgewärmt werden, wurde der Satz des kleinen Mannes im Haus auf dem Deich zum geflügelten Wort: „Ist doch nur Sabber!"

Rezept

Tant' Annes Mandelkuchen mit der dicken Rolle

Zutaten Teig:
2 Eier
2 Eigelb
150 Gramm Zucker
200 Gramm Butter
1 Päckchen Vanillezucker
200 Gramm Mehl
50 Gramm Gustin
1 TL Backpulver

Füllung:
2 Eiweiß
100 Gramm Zucker
1 Fläschchen Bittermandelaroma
220 Gramm gemahlene Mandeln

Aus den Zutaten der Füllung eine feste Masse herstellen, zur Rolle formen und in den Kühlschrank legen.

Die Zutaten für den Teig vermischen und in eine Kastenform füllen.

Die Rolle auf den Teig in der Kastenform legen, leicht eindrücken und versinken lassen.

Bei 175 °C 60 Minuten backen.

Wichtig: Am besten schmeckt der Mandelkuchen, wenn er eine Woche Ruhe hatte.

Als Rudolf den Weihnachtsmann verlor

Rudolf kannte den Weg durch den verschneiten Winterwald wie im Schlaf. Kannte jeden Baum und jede Wegkreuzung. Er liebte diese Tour nach Ostfriesland. Vor allem liebte er die Stille. Egal ob bei Tag oder, wie heute, in der winterlich dunklen Nacht. Richtig dunkel war es heute allerdings nicht, denn der Mond strahlte vom Himmel und erhellte Schnee und Bäume, sodass alles glitzerte wie angestrahlt von Tausenden Glühwürmchen. Ab und zu huschte ein Eichhörnchen über den Weg oder ein Reh lief eine Weile neben ihm her. Menschen begegnete er nie. Rudolf genoss die Fahrt durch den Winterwald. Meistens!

Heute war das anders, ganz anders. Die sonst andächtige Stille, nur unterbrochen vom Knirschen des Schnees oder Rufen eines Vogels, war dahin. Der Ersatzweihnachtsmann hinten im Schlitten, eingepackt in Fell und dicke Decken, nervte schon seit Stunden.

„Schneller, schneller! Mach los!“, kam es von hinten, begleitet von einem dröhnenden Lachen. „Schneller, Rudi! Gib Gas! Die Kinner wadde schon un mir friert gleich de Allerwerteste ab.“ Zwischendurch flog Rudolf das Knallen der Peitsche um die Ohren oder traf ihn die Spitze schmerzhaft an der Flanke. Seit Stunden ging das nun schon so. Rudolf war wütend.

Egal wer sonst sein Gast auf dem Schlitten war, ob der Nikolaus, der Weihnachtsmann, Knecht Ruprecht oder gar das Christkind oder wie hier in Ostfriesland üblich, der Sünnerklaas – mit ihnen machte die Arbeit Spaß. Aber heute hatte er einen Ersatzmann an Bord, und der war eine Katastrophe. Nicht nur, dass der olle Kerl ihn die Peitsche spüren ließ, der Kerl hinter ihm auf dem Schlitten redete auch unaufhörlich, nein, grölte. Und diese Sprache! Alle anderen Passagiere, die er sonst zu den Kindern in Ostfriesland fuhr, sprachen Plattdeutsch. Der Ersatzmann aber … Ja, welche Sprache war das nur?

„Rudi, Rudi, rallala!", dröhnte es von hinten, gefolgt von einem tiefen Lachen und einem weiteren Peitschenknall. Der ist voll wie hundert Rentiertreiber, vermutete Rudolf. Die knallrote Nase des Kerls sprach auch dafür.

Irgendwann war dann doch Ruhe eingekehrt. Ein Blick zurück zeigte ihm, der olle Kerl schlief. Rudolf atmete auf und hoffte, dass das auch so bliebe, bis sie ihr Ziel erreicht hatten.

Ansonsten werfe ich ihn vom Schlitten, überlegte er leise. Oder noch besser, ich setze ihn im tiefen Wald aus, damit er niemals mehr herausfindet. Oder ich … Dann wurde seine Überlegung jäh unterbrochen. Vor ihm, direkt auf seinem Weg, stand plötzlich Sanny, das kleine Reh, das ihm unterwegs immer wieder begegnete, und blickte ihn mit großen Augen an. Rudolf schrie: „Aus dem Weg, Sanny!", versuchte zu bremsen und gleichzeitig auszuweichen. Er stellte die Hufe auf, dass der Schnee nur so quietschte, und machte eine Vollbremsung. In diesem tiefen Schnee war das gar nicht so einfach, er kam ins Rutschen, seine vier langen Beine drifteten zu einem Spagat auseinander, inzwischen hatte er auf dem Hosenboden Platz genommen und schlitterte so samt seiner Fracht durch den tiefen Schnee. Die Bäume rechts und links flogen nur so vorbei, der Schlitten überholte ihn, bunte Pakete und Päckchen, Säcke mit Geschenken sausten durch die Luft. Als er endlich zum Stehen kam, fand er sich mit verwurschteltem Zaumzeug und Geschirr mitten im Wald wieder. Der Schlitten hinter ihm balancierte auf der rechten Kufe und drohte umzukippen.

„Neeeiiin!", schrie Rudolf entsetzt auf, schüttelte sich dabei heftig, um das Geschirr zu entwirren. „Neeein! Die Geschenke für die Kinder. Heute ist doch Nikolaustag, und ich muss ausliefern."

Sanny kam erschrocken angelaufen, rief: „Oh je, das wollte ich nicht. Ich wollte doch nur wissen, ob du für mich auch ein Geschenk dabeihast", und stemmte sich gleichzeitig mit der Flanke gegen den Schlitten, um ihn abzufangen.

„Neeein!", schrie Rudolf erneut. Die Situation war zu gefährlich. Wenn nun der Wagen umfiel und Sanny unter sich begrub! Nicht auszudenken. Doch Sanny schaffte es, der Schlitten fiel wie in Zeitlupe zurück auf die linke Kufe. Rudolf atmete erleichtert auf. Er schüttelte sich den Schnee von Fell und Geweih, sortierte seine Beine und blickte nach hinten.

Verflixt, im Schnee lagen etliche Geschenkpäckchen verteilt, wie sollte er sie nur einsammeln? Keines durfte verloren gehen. Was konnte er nur tun? Den ollen Kerl im Schlitten wecken? Besser nicht. Von dem war nichts zu hören, der schien zu schlafen. Hörte er ihn nicht schnarchen?

Rudolf schaute sich verzweifelt um. Aber da hatte er nicht an die Tiere des Waldes gedacht. Plötzlich kamen sie von allen Seiten. Sanny hatte sie wohl gerufen.

Doch da war noch etwas anderes. Rudolf lauschte. Hörte er aus der Tiefe des Waldes, von ganz weither, nicht eine Stimme? Rudolf schaute sich um. Nein, er musste sich getäuscht haben.

Sie halfen alle mit. Die Vögel, Rehe, selbst das Eichhörnchen lieferte brav eine Tüte mit Nüssen ab. War die vom Unfall aufgerissen oder hatte …? Egal. Schnell war der Schlitten wieder beladen und Rudolf konnte seine Fahrt fortsetzen. Er bedankte sich bei den Tieren rechts und links, wie auch oben in den Tannenspitzen, und wunderte sich. Von oben blitzte etwas Rotes. Gab es einen neuen Waldbewohner, den er noch nicht kannte? Doch es war zu dunkel, um Genaueres zu erkennen. Na, überlegte er, das kläre ich auf dem Rückweg. Jetzt muss ich wirklich los. Die Rufe: „He, Rudi. Isch bin hier owwe. Halt, du kannst doch net ohne misch …“, hörte er nicht. Rudolf genoss die ruhige Fahrt durch den stillen Winterwald ohne das Gegröle und Gezeter von hinten.

Wie diese Geschichte endet? Ob Rentier Rudolf es uns wohl erzählt?

Und das End‘ von der Geschicht’

Nach zwei Stunden kam er an seinem Ziel, einem Dorf in Ostfriesland, an. Von dem Schreck des Beinaheunfalls hatte er sich inzwischen erholt, Rudolf nahm sich allerdings vor, in Zukunft auf solch langen Touren durch den Winterwald Schneeschuhe zu tragen, damit er besser bremsen konnte. Hinter ihm in der Kutsche herrschte Stille, der olle Suffkopp schlief wohl den Schlaf der Hochprozentigen. Langsam wunderte sich Rudolf allerdings schon. Immer wieder schaute er sich um, der Mann mit dem weißen Bart war nicht zu sehen. Sicher hat er sich tief in das warme Fell verkrochen, vermutete Rudolf. So langsam müsste er dann aber doch aufwachen, schließlich stand bei vielen Kindern nun sein Auftritt an. Was soll‘s. Froh über die Ruhe von hinten nahm er den letzten Weg und stoppte vor einem Haus, an dessen Fenster Eiskristalle blühten, die das Licht dahinter kaum erkennen ließen. Kinderstimmen drangen nach draußen, und Rudolf wusste: Hier sind wir richtig.

Nun rief er: „He, Weihnachtsmann, wach auf. Wir sind da!“ Doch es rührte sich nichts. Rudolf versuchte es erneut und lauter: „Weihnachtsmann, aufwachen, wir sind da!“ Nichts!

Nun drehte er sich ein wenig, streckte seinen Hals und fasste mit seinem Rentiermaul nach dem dicken Fell, unter dem der Kerl sich wohl verkrochen hatte. Er zog es weg und schaute entsetzt auf die leere Kutsche. Da war keiner. Der Weihnachtsmann saß nicht auf seinem Platz. Wo war er nur?

Rudolf blickte sich um. Dann fiel es ihm wie Schuppen von den Augen … Die Vollbremsung im Wald, die durcheinanderfliegenden Päckchen, das rote „Etwas“ in den Tannenspitzen. „Ich hab‘ den Kerl im Wald verloren“, schoss ihm die Erkenntnis in die Glieder. „Der hängt ganz oben im Baum, das war es, was ich gesehen habe.“

Wie es weitergeht? Ist Rudolf umgekehrt, um den ollen Kerl zu holen? Oder hat er sein Handy genommen und einen Ersatzweihnachtsmann für den Ersatzweihnachtsmann bestellt?

Oder …? Das überlasse ich der Fantasie meiner Leser. Ihr macht das schon!

Der Winter

Der Winter ist gekommen,
ganz plötzlich – über Nacht,
hat uns in seinen Fängen,
die Nasen rot gemacht.
Der Winter ist gekommen,
mit Frost und Schnee und Eis,
wir sind total begeistert,
die Landschaft ist nun weiß.
Der Winter ist gekommen,
mit seiner ganzen Pracht,
wer hat ihn nur gerufen,
sich unbeliebt gemacht?
Ich sag dir, lieber Winter,
nimm deinen Frost und geh,
es ist zu früh in Deutschland,
für Kälte, Eis und Schnee.

Gaby Kaden

Morgen Kinder, wirds was geben - Teil 1

(von Schnee und Eis, von Sünnerklaas, Wuddels und dem merkwürdigen Knochenfund auf einem Hof in Ostfriesland in den Siebzigern)

„So, jetzt dem Schneemann noch den Sonntagshut vom ollen Bengt aufgesetzt, dann isser fast fertig!" Die Jungs betrachteten mit hochroten Wangen zufrieden ihr Werk, das sie dem Bauern vom Nachbarhof vor die seitliche Stalltür gebaut hatten. Groß war er und breit, der Schneemann, sodass man diese Tür des Stalles nicht mehr öffnen konnte.

Fiete, des Nachbars Hund, sprang ihnen immer wieder schwanzwedelnd um die Füße. Zwischendurch hatten sie Schneebälle geworfen, denen Fiete in großen Sprüngen hinterherlief. Der kleine Mischlingshund war das Einzige, was sie von Nachbarhof mochten, vor Bauer Bengt Johannson dagegen fürchteten sie sich.

Bengts Hut hatten sie heimlich vom Haken in der Diele geholt, die Knöpfe des Schneemanns wollten sie morgen noch schnell aus seinem Kohlenkeller besorgen und die Karotte für die Nase aus der großen Schütte in seiner Scheune. Dort, wo auch die Kartoffeln lagen, von denen sie heimlich immer mal wieder einen Korb voll stibitzten und in das Vorratslager der Mutter verbrachten.

„Hast du die Ruten geschnitten?", wollte Holger von seinem zwei Jahre älteren Bruder wissen.

„Klar! Alles fertig. Eine bekommt der Schneemann, hier, steck sie ihm in die Seite. Den Rest erledigen wir morgen. Das wird ein Spaß. Der olle Kerl wird sich wundern." Sie mussten für heute Schluss machen, Mutters Stimme drang aus der Ferne zu ihnen. Obwohl ein schmaler Ackerstreifen zwischen den Höfen lag, hörten sie es genau.

„Jan, Holger, Lars! Kommt endlich rein, das Essen ist fertig!"

Draußen war es schon fast dunkel. Nie fanden die Jungs ein Ende. Trude Mollig schüttelte ärgerlich den Kopf. Immer heckten die Jungs Dummheiten aus. Und doch huschte ein Lächeln über ihr Gesicht, als sie über das schneebedeckte Feld hinweg sah, was die drei wieder angestellt hatten. Allerdings würde ihnen das morgen, wenn Nachbar Bengt in Form von Sünnerklaas ins Haus kam, eine Portion auf den Hosenboden einbringen, vermutete sie. Trude beschloss aufzupassen, dass er es nicht übertrieb.

Nun liefen die Jungs, den kleinen Lars in der Mitte, durch den tiefen Schnee auf ihre Mutter zu.

„Kommt endlich, Sünnerklaas sieht alles, das wisst ihr. Schuhe aus, Hände waschen und ab in die Küche."

Sie gab jedem ihrer drei Jungs eine angedeutete Kopfnuss mit, als die an ihr vorbeiliefen. Nur die Nuss für Lars, ihren Jüngsten, fiel eher wie ein Streicheln aus. Lars war erst viereinhalb, schmächtig, aber immer mit den großen Brüdern unterwegs. Die ließen ihn auch teilhaben, liebten ihren kleinen Bruder über alles und beschützten ihn, wo es ging.

Kurze Zeit später saßen sie zu viert um den Küchentisch, auf dem eine große Schüssel mit Kartoffeln dampfte.

„Was habt ihr nur wieder angestellt? Bengt kommt doch mit diesem riesigen Schneemann vor der Tür gar nicht aus dem Stall heraus! Ihr wisst, Sünnerklaas sieht alles. Morgen Kinder, wird's was geben!" Sie drohte mit dem Zeigefinger. Dass sie aber auch ausgerechnet Bengt diesen Streich spielen mussten, ausgerechnet Bengt ..., schweiften ihre Gedanken ab. Wenn doch nur ein Mannsbild im Hause wäre. Aber seit vor gut vier Jahren, kurz nach Lars' Geburt, ihr Mann in den Häcksler geraten und verblutet war, gab es das hier eben nicht mehr.

Ja, Bengt würde gerne die Rolle hier auf dem Hof übernehmen, aber den groben alten Kerl wollte sie einfach nicht. Die Jungs einmal im Jahr auf den rechten Weg zu bringen, das durfte er, aber mehr nicht.

Brrr, Trude schüttelte sich bei dem Gedanken, mit ihm das Bett zu teilen. Nicht umsonst war seine Irmi damals schon bald nach der Hochzeit davongelaufen. Wo die jetzt wohl war? Trude hatte nie mehr etwas von ihr gehört. Bengt erwähnte vor einiger Zeit einmal, dass er nun geschieden und wieder frei sei. Na, sicher hat sie sich einen besseren Mann gesucht, ist verheiratet und hat einen Stall voller Kinder, den hat sie sich ja immer gewünscht, überlegte Trude. Bengt ließ, sobald die Rede auf Irmi kam, kein gutes Wort an ihr. „Soll sich hier nicht blicken lassen, sonst ...", anschließend zeigte er oft zornig die Faust. „Haut ab und lässt mich mit Mutter alleine", meinte er einmal und fuhr fort: „Aber das ..."

„Aber was?", hatte Trude nachgefragt, allerdings keine Antwort bekommen.

Nun hauste der olle Kerl drüben auf dem Hof alleine. Fast jedenfalls. Die alte Bäuerin, Bengts Mutter, lebte bei ihm, doch die hatte Trude schon seit Ewigkeiten nicht mehr gesehen. Bengt ließ niemanden ins Haus, und die Alte verließ es nicht mehr.

Trudi atmete tief durch. „Komische Familie." Dann schüttelte sie den Gedanken ab und freute sich auf den Abend. Den Jungs hatte sie eine Stunde Fernsehen versprochen.

Sie selbst wollte nach dem Essen schnell noch die Küche klarmachen, dann den Kleinen ins Bett bringen, die großen Jungs brauchten sie dafür nicht. Aber aufpassen, dass die nicht zu lange wach blieben, das wollte sie schon.

„Drei Haselnüsse für Aschenbrödel" sollte heute Abend im Fernsehen laufen, darauf freute sich Trude. Sie hatte die Geschichte gelesen, mehrmals schon, und heute wurde sie erstmals im Fernsehen gezeigt. Trude konnte es kaum erwarten. Der Fernseher, das war die letzte Anschaffung ihres Mannes vor seinem Tod gewesen. „Damit wir in den langen Winternächten etwas Unterhaltung haben", hatte er gemeint. Trude wischte sich eine Träne aus den Augen.

Jan, der Älteste, schubste seinen Bruder Holger an und flüsterte: „Von wegen Sünnerklaas, der olle Bengt ist das wieder, den habe ich schon lange erkannt. Aber diesmal verdrischt er uns nicht, diesmal kann *er* was erleben."

„Wenn er den Hut entdeckt, kocht er über, das sag ich dir", antwortete Holger und grinste.

„Und was wir für morgen vorhaben, das wird ihm den Rest geben", kicherte Jan zurück und meinte weiter: „Für den Fall, dass er doch rüberkommt, machen wir die Ruten klar und jagen ihn aus dem Haus."

Holger nickte und setzte nach: „Aber den Sack muss er dalassen."

„Still, ihr zwei, beim Essen wird nicht gesprochen." Trude tat ärgerlich. Ach, ihre Jungs, nichts als Flausen hatten sie im Kopf.

Pellkartoffeln mit Butter und Salz gab es heute. Nun gut, Butter war es nicht wirklich. Trude musste sparen, wo es nur ging. Sie hatte wieder einmal die Margarine vom Angebot organisiert und diese in rechteckige Stücke geschnitten. Es sah einem Butterstück zum Verwechseln ähnlich. Trude hatte es nicht leicht. Von ihrem Mann gab es nur eine magere Rente, und das Kindergeld half auch nicht viel. Im Sommer vermietete sie ein Fremdenzimmer und pulte Krabben für die Genossenschaft. Viele Lebensmittel, alles was aus der Erde kam, hatten sie auf dem Hof, klar. Aber große Sprünge und vor allem Fleisch oder gar üppige Geschenke für die Kinder waren nicht drin.

Den Jungs schmeckte es, Trude auch.

Als sie sich alle von Tisch erhoben, war die große Schüssel mit den Kartoffeln leer.

„Habt ihr das Gedicht für morgen eingeübt?", wollte die Mutter dann von ihren Jungs wissen. „Sünnerklaas will es bestimmt hören."

„Wer weiß, ob der den Weg zu uns überhaupt findet", überlegte Jan laut und grinste zu seinen Brüdern hinüber. Und trotzdem stimmten sie an:

„Sünnerklaas, du gode Bloot,
gev mi 'n Stückje Zuckergood.
Nich to vööl un nich to minn,
smiet mi ,t man to'd Schösteen in,
… mit'n langen Band doran,
dat ick't ock man griepen kann!
(von Toni Wübbens 1850–1910)

… laut und zweistimmig, der kleine Lars plapperte mit.

Trude musste lachen. „Ist gut, ist gut. Ihr könnt es also. Na, dann wird er wohl nicht ganz so streng mit euch sein. Aber freut euch nicht zu früh, der vergisst euch nicht."

Zwei Stunden später …

Die Jungs tobten mit polternden Schritten die steile Stiege nach oben in das kleine Dachzimmer, das sie sich zu dritt teilten. Ihren kleinen Bruder hatten sie in die Mitte genommen, rechts und links an den Händen gegriffen, sodass er fast schwebend die Stufen nahm.

Oben angekommen, hockten sie sich auf das Bett, in dem Jan und Holger gemeinsam schliefen, und steckten ob ihres nächsten Vorhabens die Köpfe zusammen.

„Das Gedicht wird uns nicht helfen", meinte der Älteste der drei. „Sicher hat er vor, uns wieder heftig zu verkloppen. Aber diesmal lassen wir uns das nicht gefallen. Außerdem soll er sich nicht wagen, unseren Kleinen anzurühren."

„Genau“, stimmte Holger zu, „das soll er nicht wagen.“

Lars nickte dazu.

„Hört mal zu, ihr zwei“, tat Jan nun wichtig. „Wenn unser Plan klappt, müssen wir uns keine Sorgen machen, dass er rüberkommt. Aber den Sack mit den Nüssen und Äpfeln und der Schokolade, den müssen wir organisieren.“

Holger und Lars nickten.

„Den holen wir vorher schon, heimlich am Nachmittag. Der merkt das bestimmt nicht.“

Die drei waren zufrieden mit ihrem Plan. Als sie die Schritte der Mutter auf der Stiege hörten, flüsterten Jan und Holger: „Psst, psst, nichts verraten, die Mutter kommt.“

Der kleine Lars nickte und pflichtete bei: „Psst, Mutter kommt!“

Eine halbe Stunde später – Lars schlief schon friedlich in seinem Bettchen – lagen die beiden anderen in ihrem Bett und waren sich sicher: „Morgen wird's was geben.“

Am nächsten Tag

Den Vormittag verbrachten vor allem Jan und Holger damit, den Schnee um das Haus zu räumen, denn in der Nacht war wieder eine ordentliche Ladung heruntergekommen. Mit Schneeschieber und Besen waren sie am Werk, auch Lars half kräftig mit. Bis in die Mittagsstunde schufteten sie mit roten Wangen und klammen Händen. Als die Mutter zum Mittagessen rief, waren sie heilfroh.

„Das habt ihr wirklich fein gemacht, Jungs. Dafür gibt es zum Nachtisch heute auch Vanillepudding. Aber zuerst wird der Eintopf aufgegessen. Ihr habt es nötig, so schwer wie ihr geschuftet habt.“

Vanillepudding – die Freude war groß. Trude hatte sich entschlossen, ein paar Eier, Milch und was sonst nötig war für diese Nachspeise zu opfern. Ein Blick in den Kartoffelkeller hatte sie nämlich erstaunt feststellen lassen, dass die eigene Ernte in diesem Jahr doch noch sehr reichlich vorhanden, nachkaufen somit nicht nötig war. Und das, obwohl die Jungs, je älter sie wurden, umso mehr essen konnten. Ein paar Pfennige konnte sie darum für Naschereien, wie eben Vanillepudding, opfern.

Die Jungs jubelten.

Nach dem Essen hatte Trude ein Einsehen und erlaubte ihnen, draußen im neuen Schnee zu spielen. „Aber ärgert mir Bengt nicht wieder!", gab sie ihnen mit auf den Weg. Wohl wissend, dass das gegen die Wand gesprochen war.

Die drei hatten es eilig, denn es gab viel zu tun, und das musste unbedingt bei Tageslicht passieren. Viel Zeit war nicht, denn in Ostfriesland wurde es im Dezember schon sehr früh dunkel. Vor allem, wenn der Himmel, wie heute auch, voller dicker Schneewolken hing.

Nachbar Bengt war, wie jeden Tag um diese Zeit, im Stall. Tiere hatte er schon lange nicht mehr, den Stall nutzte er eher als Werkstatt oder als Lager für Kartoffeln und Karotten, die er noch anbaute.

Nach dem Mittagessen nahm er hier seine Mittagsstunde ein, und wenn die beendet war, werkelte er dort herum, vergnügte sich mit der Schluckflasche und machte das eine oder andere Nickerchen im Heu. Draußen gab es im Winter ja nicht viel zu tun. Allerdings wüssten die Jungs schon gern, was der olle Kerl dort immer trieb. Nachschauen, um zu sehen, welches Geheimnis der Mann dort hatte, wagten sie sich nie. Wenn einer der Jungs, oder auch sonst jemand, in die Scheune kam, wurde der mit wüsten Worten verjagt.

Heute allerdings wollten sie es wagen, denn sie mussten den Sack von Sünnerklaas holen. Der Zeitpunkt jetzt war günstig.

Ein Blick durch das kleine Fester auf der rechten Seite zeigte ihnen, dass Bengt in einem Heubett lag und schlief. Den Eingang vorne konnten sie nicht nehmen, die quietschende Scheunentür würde den Nachbarn sicher wecken. So schickten sie den schmächtigen Lars vor, durch die Hundeklappe zu kriechen und den Sack zu besorgen, den Bengt, wie sie wussten, immer beim Kartoffellager versteckt hatte.

„Hinten, bei den Tuffels*, da liegt er, Lars. Aber sei leise und komm sofort zurück, wenn du ihn gefunden hast. Und wenn Bengt aufwacht, lauf so schnell du kannst. Verstanden?"

Der Kleine nickte. „Verstanden. Ich bin doch schon groß, ich schaffe das."

„Nimm Fiete mit, der passt auf dich auf!", schlug Holger noch vor.

Fiete mussten sie nicht rufen, der sprang unaufgefordert hinter dem Kleinen durch die Hundeklappe.

* Kartoffeln

Jan und Holger hatten ein schlechtes Gewissen, aber keiner von ihnen konnte durch die Klappe kriechen, nur Lars. Und der Sack war ja auch nicht schwer, denn viel gab es nicht von Sünnerklaas. „Lars schafft das."

„Unser Bruder ist ein cleveres Kerlchen!", beruhigten die beiden sich gegenseitig.

Und das stimmte auch. Denn Lars fand den Sack sofort, griff ihn leise und machte sich auf den Rückweg. Unterwegs passierte er Bengts Karottenlager und beschloss, den Sack, der im Grunde ja sehr leicht war, mit ein paar Karotten zu füllen. Die Mutter würde sich ganz sicher freuen, wenn Sünnerklaas für sie eine gute Portion Karotten im Sack hätte.

Den Bauern hörte er in der Ferne schnarchen, so griff er mit seinen kleinen Händen Karotte für Karotte und steckte sie in den Sack. Zwischendurch sprang Fiete zu ihm mit Karotten im Maul, die Lars zu den anderen in den Sack packte. Sehen konnte er nichts, nur fühlen, denn es war duster im Karottenlager, aber das störte ihn nicht. Als er den Sack dann anhob, musste er feststellen, dass der nun doch sehr schwer, ja zu schwer war. Also nahm der Junge wieder ein paar der Karotten heraus, griff den Sack dann mit zwei Händen und zog ihn hinter sich her.

An der Hundeklappe angekommen, wurde er schon sehnlichst erwartet.

„Wo bleibst du denn, Lars? Ich habe mir schon Sorgen gemacht." Jan war froh, seinen kleinen Bruder zu sehen.

Sie zogen den Sack durch die Hundeklappe, einfach war das nicht, denn der war dicker, als das Loch es erlaubte. Aber sie schafften es.

Holger wollte sofort einen Blick hineinwerfen, aber Jan, ganz großer Bruder, nahm die Schnur, die daran befestigt war, und band den Sack zu.

„Den bringt heute Abend Sünnerklaas!"

Er schulterte ihn und flüsterte seinen Brüdern zu: „Lasst uns verschwinden, bevor der olle Kerl aufwacht."

Den Sack mit den Geschenken für den Abend verstauten sie zu Hause im Hühnerstall, dann liefen sie zurück zum Nachbarhof. Dort machten sie sich daran, ihre zweite Aktion zu erledigen. Darauf freuten sie sich schon sehr. Sie waren sich sicher: Bengt würde heute nicht den Sünnerklaas geben.

Jan hatte einen Hocker vor das kleine Fenster des Stalles – und Lars – daraufgestellt. „Sag uns, wenn er aufwacht. Okay?"

„Okay!", kam es zurück.

Nun legten die beiden anderen los.

Sie verputzten den Spalt der Scheunentür zwischen Tür und Rahmen mit Schnee. Von allen Seiten. Rechts, links, oben und unten. Jan lief dazu noch los, klopfte an der Regentonne die obere Eisschicht frei und füllte einen Eimer mit dem eisigen Wasser. Dieses schüttete er gegen die Schneefuge, und Holger packte eine weitere Schneeschicht darauf.

Nach zwanzig Minuten war ihr Werk vollendet. Die eisige Kälte, die nun gegen Nachmittag aufzog, würde das Übrige tun und einen dicken Eispanzer wachsen lassen, der es Bengt unmöglich machte, die Tür von innen zu öffnen.

Der, im Kostüm von Sünnerklaas, würde heute keinen von ihnen verdreschen. Da waren sich die Jungs nun sicher.

„Und wenn er doch …?", zweifelte Holger plötzlich.

„Wie sollte er? Durch die Hundeklappe passen nicht mal wir und der olle Bengt schon gar nicht, und um aus dem Fenster zu kriechen, dazu ist er viel zu steif. Glaubt mir, Brüder, heute stellt Sünnerklaas den Sack nur vor die Tür. Lasst mich mal machen."

Und Jan sollte recht behalten.

Kurz vor zwanzig Uhr wurde Trude unruhig. Wo Bengt nur blieb? Schließlich musste der kleine Lars nun bald ins Bett.

Müde erhob sie sich von ihrem Stuhl.

„Ich schau doch mal nach, wo der Sünnerklaas bleibt. Ob er wohl im Schnee stecken geblieben ist?"

„Lass mal, Mutter!", kam Jan, der sich inzwischen als Mann im Hause fühlte, ihr zuvor. „Bleib du sitzen. Ich gehe nachschauen." Er warf seinem jüngeren Bruder einen kurzen Blick zu und zwinkerte.

Es dauerte nicht lange, und der Junge kam zurück.

„Schaut nur, was ich hier habe!", rief er in die Stube. In der rechten Hand hielt er einen Jutesack, der mit einer Kordel zugebunden war. „Sünnerklaas hatte wohl keine Zeit für uns. Musste sicher gleich weiter. Aber einen Sack hat er dagelassen."

„Wie …?" Trude war verwundert. „Bengt hat doch …"

Dann bemerkte sie ihren Versprecher und verbesserte sich. „Sünnerklaas wollte doch reinkommen und von euch ein …“, dann brach sie ab. Auch gut. So kämen ihre Jungs um die Schläge mit der Rute und sie selbst müsste den ollen Kerl nicht den ganzen Abend ertragen. Denn kurz nach seinem Auftritt als Sünnerklaas setzte er sich gerne zu Trude aufs Sofa und schaute sie erwartungsvoll an.

Schluck und Bier bekam er dann. Mehr durfte er nicht von ihr erwarten.

Nun, diesmal blieb ihr das erspart. „Auch gut!“, freute sie sich.

Holger und Lars stürmten auf ihren großen Bruder zu. Alle drei machten sie sich nun am „Sünnersack“ zu schaffen. Doch Trude ging dazwischen.

„Zuerst das Gedicht, sonst bleibt der Sack zu. Und ein Weihnachtslied will ich auch hören“, bestimmte sie.

Murrend stellten die drei sich der Größe nach auf. Jan gab Kommando, und sie sagten das Gedicht vom Vortag noch mal auf und ein zweites dazu:

Kiek ins, wat lett de Himmel so rot!
Dat sünd de Engels, se backt dat Brot.
Se backt den Wiehnachtsmann sin Stuten
vör all de lütten Leckersnuten …

In das anschließende Weihnachtslied fiel Trude mit ein, nicht ohne sich zwischendurch eine Träne wegzuwischen.

Anschließend waren die Jungs nicht mehr zu halten.

Jan schnürte die Kordel auf, gemeinsam mit Holger schüttete er den Inhalt des Sackes mitten in die Stube.

Heraus purzelten Äpfel, Orangen, Mandarinen, drei Tafeln Schokolade, etliche Karotten und … zwei Knochen.

Zuerst sah Trude nur die Karotten und wunderte sich. Diese hatte sie doch gar nicht in den Sack gelegt. Einen Augenblick später wunderte sie sich noch viel mehr.

Was hatten Knochen im Sack von Sünnerklaas zu suchen?

Wie es weitergeht, erfahrt ihr im zweiten Teil.

Hier dieses wunderschöne Gedicht up Platt komplett. Ich liebe es!

Kiek ins, wat lett de Himmel so rot!
Dat sünd de Engels, se backt dat Brot.
Se backt den Wiehnachtsmann sin Stuten
vör all de lütten Leckersnuten.
Nu flink de Tellers ünners Bett,
un leggt jo hen un wäst recht nett!
De Sünnerklaas steiht vör de Dör;
de Wiehnachtsmann, de schickt em her.
Wat de Engels hewt backt, dat schüllt ji probeern,
un smeckt et good, so hört se dat geern,
un de Wiehnachtsmann smunzelt: „Na backt man mehr!"
Och, wenn't doch man erst Wiehnachten weer!
(Von Johann Beyer)

Morgen Kinder wird's was geben - Teil 2

… zuerst sah Trude nur die Karotten vor sich auf dem Boden und wunderte sich … Einen Augenblick später wunderte die Frau sich noch viel mehr.
Knochen? Wie kamen Knochen in den Sack von Sünnerklaas?

Es dauerte noch einen weiteren Schreckensmoment, dann war die Aufregung groß.

Alle redeten durcheinander, jeder der vier hatte Fragen oder wollte etwas beitragen.

Das mit den Karotten klärte sich schnell, denn der kleine Lars verkündete fröhlich: „Mama, die Wuddels* sind für dich, von Sünnerklaas. Die hat er bei Bengt geholt, der hat schließlich einen riesigen Berg davon."

Nun wunderte sich Trude noch mehr. Lars? Ihr kleiner Lars? Was um Gottes willen hatte das zu bedeuten? Und vor allem, was hatte es mit diesen Knochen auf sich? Ihr lief ein Schauer über den Rücken.

„Was habt ihr gemacht, Jungs?", rief sie entsetzt aus.

„Wir?", kam es von Jan und Holger zurück. Lars setzte etwas verspätet nach: „Wir?"

„Na, ihr wollt mir doch nicht sagen, dass ihr hiermit nix zu tun habt." Sie zeigte auf die Bescherung mitten in der Stube.

Die drei schüttelten stumm den Kopf.

„Jan, Holger!", kam es nun mit ernster Stimme von der Mutter.

„Das kann nur Sünnerklaas gewesen sein", meinte Jan mit unschuldigem Gesicht. Sofort traf ihn ein strafender Blick der Mutter.

„Du weißt genau …", begann sie, brach aber ab.

„Jan", bestimmte sie dann, „nimm einen Korb und sammle die Sachen ein, die für euch sind." Sie selbst kniete sich nieder und raffte alle Karotten zusammen. Die beiden Knochen fasste sie mit spitzen Fingern an und legte sie zur Seite. Das war alles mehr als seltsam.

* Karotten

„Warum Bengt wohl nicht reingekommen ist? Ihm wird doch nix passiert sein?", sinnierte sie dabei leise vor sich hin, schimpfte sich dann aber dösig. Ein Blick vor die Tür zeigte ihr, dass es wieder heftig am Schneien war. Fußspuren des Nachbarn konnte sie nicht erkennen. An seinem Haus in der Ferne erkannte sie ganz leicht die Außenbeleuchtung. Also war er zu Hause. Trude zuckte mit den Schultern. „Na gut, dann eben nicht, Bengt. Wahrscheinlich liegst du mit einer Buddel Schluck in einem Heubett und schläfst deinen Rausch aus. Wäre ja nicht das erste Mal."

Die Knochen allerdings ließen ihr keine Ruhe. Der Sache wollte sie am nächsten Tag nachgehen.

Jetzt aber betrachtete sie sich die Jungs, die natürlich sofort die Schokoladentafeln ausgepackt hatten und nun kauend und mit zusammengesteckten Köpfen auf dem Fußboden mitten in der Stube saßen. Trude war klar, dass das nichts Gutes heißen konnte. Ach, wenn es nur einen Mann im Hause gäbe, dann wäre alles sicher einfacher, wanderte ihr ein trauriger Gedanke durch den Kopf.

Für den kleinen Lars war es nun an der Zeit, zu Bett zu gehen. Der sträubte sich zwar, schließlich war die Schokolade noch nicht alle, aber das half ihm nicht. Auf dem Weg nach oben in die Kammer der Jungs raunte sie den beiden Großen zu: „Wenn ich zurückkomme, will ich wissen, was ihr angestellt habt!"

Zehn Minuten später schlief Lars friedlich.

„Morgen", überlegte sie auf dem Weg nach unten leise, „morgen muss ich mit Bengt reden." Dann wandte sie sich an ihre beiden Jungs: „So, jetzt raus mit der Sprache. Wie kommt der Sack zu uns, ohne dass im Schnee Spuren zu sehen sind, und wie kommen Knochen und Wuddels in den Sack von Sünnerklaas? Was habt ihr angestellt?"

Zuerst nur stockend, denn die Angst vor einer schmerzhaften Portion auf den Hosenboden war doch groß, erzählten die beiden, was sie getan hatten. Jan übernahm den letzten Teil.

„Und wenn er rübergekommen wäre und uns, vor allem aber Lars, mit der Rute behandelt hätte, dann hätten wir ihm aber was zurückgegeben, das sage ich dir, Mama", endete er, ganz großer Bruder und Beschützer der Familie. Holger war inzwischen aufgesprungen, um die versteckten Ruten zu holen, mit denen sie Bengt aus dem Haus jagen wollten.

„Ach, ihr Dummköpfe", seufzte Trude nun, „was habt ihr nur getan!"

„Wir?“, riefen beide erneut wie aus einem Munde. „Die Knochen sind jedenfalls nicht von uns. Vielleicht hat der olle Kerl drüben unter den Wuddels eine Leiche verbuddelt, und Lars hat sie gefunden und zusammen mit den Wuddels eingepackt. Das werden wir uns morgen ansehen.“

„Ihr macht gar nichts!“, fuhr Trude hoch. „Ihr haltet schön die Füße still. Ich gehe – und zwar heute Abend noch. Wer weiß, was drüben los ist? Nachher ist noch etwas passiert, schließlich habt ihr ihn eingesperrt. Außerdem muss jemand nach der alten Bäuerin schauen. Und Fiete? Was ist mit Fiete?“

„Ich komme mit, Mama!“ Jan reckte sich, um größer zu erscheinen. „Ich bin fast erwachsen und beschütze dich.“

„Dummkopf!“, schimpfte Trude ihren Sohn, überlegte dann aber, dass der Gedanke nicht schlecht war. Schließlich musste die Stalltür von Schnee und Eis befreit werden.

„Ich auch!“, kam es nun von Holger.

Doch Trude erklärte: „Du bleibst hier und passt auf Lars auf. Den wollen wir doch nicht alleine zurücklassen, oder? Du, Jan, holst Werkzeug aus dem Schuppen, und du“, sie zeigte auf Holger, „gehst nach oben und schaust nach Lars. Bleib bei ihm und unterstehe dich, das Haus zu verlassen. Wir sind bald wieder zurück.“

Holger kletterte murrend die Stufen nach oben, vorbei an seinem großen Bruder, der ihm etwas zuflüsterte und dann schnell verschwand.

Kurze Zeit später stampften zwei Gestalten durch die dunkle Nacht. Jan hatte sich eine Taschenlampe aus der Dielenschublade gegriffen und leuchtete mühsam den Weg. Allerdings reichte der Lichtkegel nur bis kurz vor jeden Schritt. Kein Mondlicht, kein Stern erhellte ihren Weg. Es war bitterkalt und schneite immer heftiger. Der Wind pfiff ihnen um die Ohren und bedeckte ihre Spuren im Schnee sofort wieder mit Neuschnee. Mühsam schafften sie es zum Nachbarhof. Trude nahm ihrem Sohn die Lampe ab und leuchtete gegen die Wand der Scheune. Weiterer Schnee hatte sich dort festgebacken, Verwehungen krochen die Außenwand hoch. Das kleine Scheunenfenster war fast zugeschneit. Nur ein dünnes Licht konnte man erkennen, das nach draußen drang. Die Stalltür, vor der der Schneemann stand, war kaum zu erkennen. Schneeverwehungen hatten Schneemann und Stall eins werden lassen. Trude schüttelte den Kopf. Hier hatten sie keine Chance.

„Wir müssen nach rechts, zur anderen Tür.“ Sie leuchtete in die Richtung.

„Bengt!", rief sie gegen den Sturm an. „Bengt, hörst du mich?" Jan hatte inzwischen begonnen, mit einem Hammer die Tür von Schnee und Eis zu befreien. Das war allerdings nicht so einfach.

„Na, da habt ihr ja ganze Arbeit geleistet", meinte seine Mutter verzweifelt. „Wie sollen wir das schaffen?" Jan wurde es nun auch mulmig, aber das wollte er sich nicht anmerken lassen. Einerseits war er davon überzeugt, dass Bengt jede Strafe verdient hatte, andererseits hatte er nicht bedacht, was mit der alten Frau oben im Haus geschehen würde. Vielleicht lag die ja in ihrem Bett und verhungerte oder verdurstete, wenn sich keiner um sie kümmerte. Und Fiete? Wo Fiete wohl war? Mit ganzer Kraft schlug er den Hammer gegen das Eis. Mal nutzte er die flache, mal die spitze Seite. Trotz Schnee und Kälte schwitzte der Junge, Schweiß lief ihm aus der Mütze übers Gesicht, die Haare im Nacken waren ebenfalls nass, aber nur kurz, denn schnell hatte sich dort Eis gebildet.

„Bengt!", rief Trude erneut gegen den Wind an, aber eine Antwort bekam sie nicht. Dann wandte sie sich an ihren Sohn.

„Jan, mach du hier weiter, ich gehe ins Haus und schaue nach der alten Frau Johannson." Der Junge nickte nur stumm und hämmerte weiter auf Schnee und Eis ein.

Kurze Zeit später war Trude mit Fiete auf dem Arm zurück. Jan hatte es inzwischen geschafft, die Tür freizulegen. Er rüttelte kräftig am Griff, als seine Mutter zu ihm stieß.

Gemeinsam zogen sie an der Tür, schoben mit den Füßen den Schnee zur Seite. Endlich ließ sie sich öffnen. Der Raum war nur diffus beleuchtet. Schnell wollten die beiden die Tür hinter sich zuziehen, aber das war nicht einfach. Es zog gewaltig durch das Gebäude. Mit vereinten Kräften schafften sie es dann doch. Trude klopfte sich den Schnee von Mantel und Mütze. Jan war schon weitergelaufen. Woher kam die Zugluft? Schließlich gab es außer der Hundeklappe keine weitere Öffnung in der alten Scheune.

Trude rief erneut nach Bengt, doch sie bekam noch immer keine Antwort. „Er ist weg!", schrie Jan aus dem hinteren Teil der Scheune. „Er ist abgehauen. Schau nur."

Nun erkannte auch Trude, woher die Zugluft kam. An der Stelle, an der sich sonst die Hundeklappe befand, klaffte nun ein großes Loch.

Die beiden schauten sich an. „Er ist tatsächlich weg!", flüsterte Trude. „Aber wohin?"

„Im Haus, oben bei seiner Mutter?", wollte Jan wissen.

„Nein, die ist auch nicht da, ich habe niemanden gefunden. Lass uns gehen, Junge."

„Nein", kam es nun von Jan. „Ich will erst wissen, was es mit den Knochen auf sich hat, die Lars gefunden hat."

„Lars …?" Trude brach ab.

„Ja, ich denke, die lagen bei den Wuddels, die er für dich eingepackt hat. Komm, lass uns nachschauen."

Trude betrachtete ihren Sohn. Ach, wie erwachsen er plötzlich wirkte.

Jan zog seine Mutter in den Teil des Gebäudes, in dem er das Kartoffel- und Karottenlager wusste. Von der Wand griff er sich eine Heugabel und fuhr damit unter das Wurzelgemüse. Trude leuchtete mit der Taschenlampe darauf. Es dauerte nicht lange und weitere Knochen kamen zum Vorschein. Trude stieß einen kurzen Schrei aus. „Da sind noch mehr. Mein Gott, wer ist das?" Fiete auf ihrem Arm bellte wie verrückt. Sie hielt sich an der Wand fest. Hatte Bengt etwa Irmi getötet?, kam ihr ein angstvoller Gedanke. Hatten sie deshalb nie mehr etwas von ihr gehört?

„Hör auf, Junge. Bitte lass es. Wir müssen die Polizei holen." Sie griff nach ihrem Sohn und zog ihn mit sich. Der ließ die Gabel fallen und folgte seiner Mutter.

Die beiden krochen durch die Öffnung, die Bengt in die Wand geschlagen hatte, und verließen die Scheune auf diesem Weg. Trude packte sich Fiete unter den Mantel, leuchtete in den Schnee. Sie mussten um das Gebäude herum, um nach Hause zu kommen. Plötzlich bemerkte Trude Fußspuren, zwar verweht, aber doch zu erkennen. Im Schutz von Haus und Scheune waren sie noch nicht ganz von den Schneewehen begraben. Kurz hielt sie inne und erkannte, wohin die Spur führte. Entsetzt schrie sie gegen den Wind an: „Jan, Jan, sieh nur! Bengt ist auf dem Weg zu unserem Hof. Mein Gott, die Jungs! Er wird doch nicht …?"

Je näher sie ihrem Hof kamen, umso deutlicher und frischer waren die Spuren im Schnee zu erkennen. Riesengroße, tief in den Schnee gegrabene Abdrücke. Jan rannte, so schnell er konnte. Bengt musste die Scheune in der Zeit nach hinten verlassen haben, als sie vorne nach ihm riefen und die Tür befreiten. Was er wohl vorhatte? Jan wollte nicht darüber nachdenken. Schnell, ganz schnell zurück, wusste er, denn mit Bengt war nicht zu spaßen.

Trude konnte ihrem Sohn kaum folgen, der war schon ein ganzes Stück voraus. Tränen liefen ihr über das Gesicht. Die aber spürte sie nicht, auch nicht den Schnee, nicht die Eiseskälte, nicht die Nadelstiche … Die Tür, die Haustür fiel ihr ein. Sie hatte sie nicht abgeschlossen. Aber warum auch? Hier in Ostfriesland schloss man seine Tür erst ab, wenn man zu Bett ging. Bengt hatte somit mühelos Zugang zum Haus und zu den Jungs.

Atemlos und total erschöpft erreichte Jan das Haus. Schuhe, Jacke, Mütze voller Schnee, riss er die Tür auf und stürmte hinein. Daran, sich selbst zu schützen, dachte er nicht. Die Angst um seine Brüder war übermächtig. Als er völlig außer Puste die Stube erreichte, blieb er wie angewurzelt stehen. Das Bild, das sich ihm bot, ließ ihn auf einem Stuhl niedersinken und: „Holger, was …?", stammeln. Zu mehr kam er nicht.

Hinter sich hörte er nun die Mutter. Auch sie hatte das Haus erreicht und stürmte angstvoll weiter, um nach ihren Jungs zu sehen. Wenn nur nichts passiert war. „Jan, Holger, Lars!", kam es verzweifelt von ihr. Mütze, Mantel und Stiefel von Schnee bedeckt, stürmte auch sie in die Stube und schaute, erschrocken auf Jan, dann auf Holger.

„Um Gottes willen … Was …? Was ist denn das? Mein Gott, wer hat …?"

„Ich!", kam es von oben. Auf der obersten Stufe der Stiege, die von der Stube nach oben in das Dachzimmer der Jungs führt, saß Holger mit Mutters Nudelholz in der einen und einem Bündel Ruten in der anderen Hand. Die Ruten hielt er hoch und erklärte: „Die habe ich ihm abgenommen, nachdem ich dem ollen Kerl eins mit dem Nudelholz verpasst habe." Er deutete unter sich.

„Bengt?", wollte Trude wissen.

„Jow!", kam es von ihrem mittleren Sohn.

„Ist er …? Ist er tot?", fragte Trude weiter.

„Nein, der pennt nur", verkündete Holger.

Nun beugte sich Trude nach unten. Auf dem Boden, angelehnt an die Treppe, saß tatsächlich Bengt. Regungslos. Sie erkannte ihn an seiner groben Cordhose und den schweren Schuhen. Über Kopf und Oberkörper gestülpt war der Sack von Sünnerklaas, zugeschnürt mit einem Strick, sodass nur die Beine unten herausschauten.

„Wie hast du das …?" Trude blickte sprachlos nach oben.

Holger hob nur das Nudelholz hoch.

„Das nehmen wir immer mit ins Bett, wenn wir alleine im Haus sind", kam es nun von Jan.

Trude konnte es nicht fassen. Sie ließ sich auf das Ostfriesensofa sinken. „Und jetzt?", hakte Jan nach.

„Und jetzt holen wir die Polizei." Die Mutter stand auf, griff nach dem Telefonapparat neben der Tür und wählte die 110. Anschließend nahm sie Holger das Nudelholz ab und reichte es Jan. „Du passt auf! Und zieh bitte vorher deine nassen Sachen aus."

Kurze Zeit später nahm sie Jacke und Schuhe von Jan sowie ihre eigenen durchnässten Kleidungsstücke und lief Richtung Küche, um alles zum Trocknen über den Herd zu hängen. Als sie mit Putzeimer und Lappen zurückkam, um die Stube von geschmolzenem Schnee und Eis zu befreien, regte sich Bengt unter dem Sack.

„Soll ich?", fragte Jan und hielt das Holz hoch.

*****

Es dauerte eine knappe Stunde, bis die Polizeifahrzeuge bei Trude auf den Hof fuhren. Bei diesem heftigen Schneesturm das abgelegene Haus zu erreichen, hatte sich als schwieriges Unterfangen erwiesen.

Als sie klingelten, kam von innen eine weibliche Stimme, die: „Ist offen!", rief.

Den Polizisten bot sich ein seltsames Bild. In der Stube der Familie saß ein Junge im Schlafanzug oben auf der Treppe, ein anderer ein Stück darunter mit einem Nudelholz in der Hand. Gegen die Treppe gelehnt fanden die Männer einen verschnürten Sack, aus dem zwei Hände sowie Beine, daran Füße mit schweren Stiefeln, herausschauten. Unter die Stiefel hatte jemand einen dicken Putzlappen gelegt. Gegenüber auf dem Ostfriesensofa saß eine Frau mit Strickzeug in der Hand, ein kleiner Junge schlief neben ihr, den Kopf in ihren Schoß gelegt. Zu ihrer Rechten lag ein braun-weiß gefleckter Hund.

Es wurde noch eine lange Nacht. Die Beamten hatten viele Fragen. Auf die Antworten, die sie bekamen, reagierten sie zum Teil mit Kopfschütteln oder auch mit einem Grinsen.

Nachdem die Polizeibeamten das Haus mit Bengt verlassen hatten, bereitete Trude für sich und die Jungs eine große Kanne Kakao. Immer wieder wollten Jan und Trude von Holger wissen, wie der den ollen Bengt überwältigt hatte. „Ach Junge, es war so gefährlich. Aber das hast du gut gemacht, Kind!"

„Ich musste doch Lars beschützen", erklärte er voller Stolz.

In den nächsten Tagen wurde der Hof von Bengt genauestens untersucht, wobei man unter den Karotten noch weitere menschliche Knochen fand, die zusammengesetzt ein menschliches Skelett ergaben.

Die alte Bäuerin war nirgendwo zu entdecken.

Jan, Holger und Lars beobachteten das Treiben von Weitem. Zu gerne wären sie näher herangegangen. Aber das hatte die Mutter strikt untersagt.

Noch lange erzählten sie im Haus von Trude und den Jungs von dieser Nacht.

Bengt schwieg bis ins Grab.

Er hatte nie darüber gesprochen, was passiert war. Weder, um wessen Knochen es sich handelte, noch wo seine Mutter abgeblieben war. Die gefundenen Knochen konnten ihr nicht zugeordnet werden. Der Totenschädel hatte Zähne, von der alten Bäuerin wusste Trude, dass die schon seit Jahren nur noch auf Felgen kaute. Trudes Vermutung, dass er tatsächlich seine Frau Irmi getötet hatte, konnte nicht bewiesen werden. Es gab keine Anhaltspunkte. Von Irmi fehlte jede Spur. Sie hatte keine Verwandte, keine Familie, um nach ihr zu forschen.

Noch eigentümlicher war das Verschwinden der alten Bäuerin. Hatte Bengt sie getötet oder war sie ohne äußeren Einfluss verstorben? Aber wann? Und wo war die Leiche abgeblieben? Wie lange schon hatte er die Rente seiner Mutter kassiert?

Bengt schwieg zu allem. Keine Vernehmung, kein Anwalt, auch kein Richter konnte sein Schweigen brechen. Nur einmal, ganz am Ende des Indizienprozesses, als man ihn fragte, ob er nicht doch etwas zu sagen hätte, meinte er: „Trude soll meinen Hof bekommen!“ Danach schwieg er wieder. Einige Jahre später verstarb er im Gefängnis. Der Fall konnte nie geklärt werden.

Zu jedem Weihnachtsfest zündeten Trude und die Jungs für Irmi, für die Bäuerin und auch für Bengt eine Kerze an. Nach langem Überlegen hatte Trude den Hof doch übernommen und verkauft. Dort leben wollte, ihn bewirtschaften konnte sie nicht. Einen Teil des Erlöses legte sie für eine gute Ausbildung ihrer Söhne auf die hohe Kante*.

Mit einem anderen Teil ließ sie ihr Haus zu einer kleinen Ferienpension umbauen, mit der sie sich ihren Lebensunterhalt verdiente.

So ist aus einem schrecklichen vorweihnachtlichen Erlebnis etwas Gutes geworden. Sünnerklaas kam weiterhin ins Haus, aber eine Rute trug er nie mehr mit sich.

**Hohe Kante: In ganz früher Zeit hatte man in Ostfriesland oft nur einen Wohn-Schlaf-Raum für oftmals sechs, sieben und mehr Menschen. Kinder, Eltern und die Tiere. Ein, höchstens zwei Butzen (in die Wand eingebautes Bett) für alle. Am Ende des Bettes, des „Butzen", ziemlich weit oben, war ein Brett angebracht, in dem man sein Geld aufbewahrte. Das nannte man eben: „Auf die hohe Kante legen."*

Das Geheimnis der roten Stiefel

Späte Rache

Doro brachte die letzte Kugel am Weihnachtsbaum an, prüfte die elektrischen Kerzen, betrachtete sich ihr Werk von der gegenüberliegenden Seite der Stube und seufzte: „Morgen ist Weihnachten. Alle Jahre wieder das gleiche Spiel.“ Sie wischte sich mit dem Ärmel über die Augen. Außer, dass um das Haus ein halber Meter Schnee lag, gab es nichts, was Doro in eine weihnachtliche Atmosphäre versetzte. Selbst der nun fertige Weihnachtsbaum in der Stube konnte das nicht. Ganz so wie sie ihn sich wünschte, war der Baum allerdings nicht. Die wunderbare alte Spitze, die ihr Vater früher immer ganz oben auf den Baum gesetzt hatte, ließ sie weg. „Erst wenn ich weiß, was wirklich vor vielen Jahren passiert ist, bekommt die wieder ihren Platz“, hatte sie schon vor Jahren beschlossen.

Als Doro wenig später das kleine windschiefe Haus verließ, um ein paar Einkäufe zu erledigen, peitschte ihr der Schnee eisig ins Gesicht. Wie Nadelstiche fühlte sie ihn auf der Haut. Schon den fünften Tag stürmte es nun von Nordost. Und weitere Stürme waren angesagt. „Von Osten kam noch nie was Gutes!“, murmelte sie vor sich hin.

Schneeverwehungen türmten sich hinter dem Haus auf. Fast die komplette Ostseite, auch die Fenster bis zum niedrigen Dach, war zugeweht. Der ganze Ort lag unter einer dicken Schneedecke. Wann das wohl nachlassen würde? Den Körper fest gegen den Sturm gelehnt, umklammerte sie mit beiden Händen die Riemen ihrer Tasche, als könnte sie dadurch verhindern, dass eine der kräftigen Windböen ihr die Füße wegriss und sie wie eine Schneeflocke durch die Luft wirbelte. „Morgen ist Weihnachten“, sinnierte sie traurig weiter und stapfte Richtung Siel. Für Doro ein Fest, auf das sie sich nicht wirklich freuen konnte.

Doch in diesem Jahr sollte alles anders werden. Ganz anders.

Wie immer auf ihrem Weg ins Dorf (zum Siel, wie man in Carolinensiel sagt) passierte sie auch heute das ehemalige Hotel „Deutsches Haus" und lief gebeugt auf die Brücke zu, die über die Harle führte. Aus dem Windschutz der Häuser heraus war es ihr nun fast unmöglich voranzukommen. Sturm und Schnee erfassten ihren Körper von der Seite, und Doro musste stark gegenhalten, um nicht auf die Straße geweht zu werden. Ihr fiel es schwer zu atmen.

Obwohl sie zum Schutz gegen Schnee und Sturm ihre Augen fest zusammenpresste, nur aus schmalen Schlitzen sehen konnte, fiel ihr der rote Gummistiefel auf dem Eis der Harle sofort auf. Alt sah er aus, verwittert, aber trotzdem konnte sie erkennen, dass er einmal knallrot gewesen sein musste. Er tanzte im Wind über die zugefrorene Harle, drehte und wirbelte hin und her. Ein skurriles Bild, wie Doro verwundert feststellte. Skurril, unwirklich, und doch erinnerte sie der Stiefel an etwas, aber an was? Nachdenklich ging sie weiter. Ein Hupen ließ sie hochschrecken und den Stiefel kurz vergessen. Versunken in ihre Gedanken, war sie wohl unachtsam auf die Straße und vor das Auto gelaufen. Der Fahrer schimpfte so laut, dass sie es durch die geschlossenen Wagenfenster hören konnte. Doro hob entschuldigend die Hand, setzte dann aber doch verärgert zum Scheibenwischer an. Mit einer weiteren Wischbewegung vor ihren Augen rief sie empört: „Mein Gott, ist ja gut, reg dich ab, Idiot!" Sofort nahm ihr der Sturm den Atem.

Der Stiefel war nun wirklich vergessen. Der Wintersturm und der blöde Autofahrer forderten ihre ganze Aufmerksamkeit. Doro musste sich beeilen, wusste sie doch, dass das Angebot an frischem Gemüse und anderen beliebten Lebensmitteln beim „kleinen Scheidemann" am Siel an Tagen wie heute schnell aufgebraucht war. Heute besonders, einen Tag vor Weihnachten. Viele Anwohner und auch mancher Feriengast nahm sonst allzu oft den weiten Weg Richtung Wittmund oder Hohenkirchen zu den wohlbekannten Märkten auf sich. Jedoch an solchen Tagen, an denen Sturm und Schneeverwehungen die Fahrt über Land schwierig machten, nutzte die Kundschaft gern die Bequemlichkeiten des Lebensmittelladens vor Ort. Kahle, gefrorene Äste, Bäume, Vordächer und Mülltonnen, selbst einen umgestürzten Wohnwagen, hatte die Verkehrsdurchsage im Radio auf der Landstraße gemeldet und die Sprecherin eindringlich: „Bleiben Sie zu Hause", gefordert. Die Menschen hörten darauf und kauften an solchen Tagen vor Ort. Am besten aber blieb man wirklich zu Hause.

Doro musste raus, auch heute. Ihr Schwiegervater, der eigentlich nicht wirklich ihr Schwiegervater war, sondern nur der Großvater ihres Sohnes, hatte sich zum Mittagessen spontan Grünkohl bestellt. Die Bestellung des Alten war für die Frau „Befehl".

„Vergiss den Bauchspeck nicht wieder!", hatte er ihr noch böse nachgerufen. Wie sie den alten, widerlichen Kerl hasste! Jeden Tag mehr. Wann es mit ihm wohl endlich ein Ende hatte? Doro ahnte nicht, wie nah es war.

Heute, so beschloss sie, wollte sie den frischen Grünkohl nicht selbst kochen, sondern das Angebot des eingeschweißten Gemüses in Wurstform nutzen. In der Plastikpelle befanden sich auch je ein Paar Mettenden und Pinkel, den gewünschten Bauchspeck bekam sie beim Marktplatz Scheidemann auch. So hatte sie für den Alten einen „schnellen Koch", wie sie es gerne nannte. Für sich selbst ein paar rote Paprika mit etwas Schafskäse, zu einem Salat angerichtet, würden genügen. Ich werde mir den Salat mit in die Stube nehmen und „Michel aus Lönneberga" schauen, beschloss sie, als sie den Laden betrat. Gemeinsam mit dem schmatzenden Alten, der sich zwischendurch gerne mal das Gebiss aus dem Mund zog, um darin nach Essensresten zu suchen, am Tisch zu sitzen, konnte sie nicht ertragen. Das und weitere Handlungen, die sie oft zum Würgen reizten, tat sie sich schon lange nicht mehr an. Willem Peelworm wurde immer unerträglicher.

Kurz schüttelte sie sich den Schnee vom Mantel. Einen Schirm hatte sie nicht benutzt, nicht bei diesem Sturm.

Ihr Blick wanderte über die Gemüseabteilung, und Doro atmete erleichtert auf. Rot, da waren sie. Drei rote Paprika leuchteten ihr entgegen. Sie lagen in einem Korb und wanderten nun in ihren Einkaufswagen. Ja, die würden genügen.

Rot?

Der rote Gummistiefel fiel ihr ein, und in diesem Moment kam auch die schreckliche Erinnerung zurück. Wie von unsichtbarer Hand getroffen, geriet sie ins Wanken und griff Halt suchend um sich.

„Peer!", traf sie die Erkenntnis wie ein Schlag. Erneut tastete sie nach Halt. Doch da war nichts. Doros Knie wurden weich, ein grauer Schleier schob sich vor ihre Augen. Langsam glitt sie zu Boden.

Petra Tattje saß im Büro über einen Stapel Lieferscheine gebeugt, als ihr Telefon klingelte. „Notfall im Laden, komm schnell!", hörte sie nur und sprang von ihrem Platz auf. Die Geschäftsführerin des Supermarktes war ausgebildete Ersthelferin und somit als Erste für Notfälle zuständig. Im vorderen Bereich des Marktes standen drei Frauen vor einer auf dem Boden liegenden Frau, die sie schon in stabile Seitenlage gebracht hatten.

„Geht doch mal zur Seite!“ Petra schob sich dazwischen. „Das ist ja Doro!“, stellte sie erschrocken fest. „Habt ihr ihre Atmung geprüft?“ Petra ließ sich auf die Knie fallen und gab der Ohnmächtigen ein paar Klapse ins Gesicht, hob deren Kopf an und schob ihn nach hinten. Alles automatische Reaktionen, die sie in etlichen Stunden Ausbildung gelernt hatte. Petra wollte sich gerade über die Frau beugen und die Atmung prüfen, als diese sich bewegte. Petra atmete hörbar auf.

„Gott sei Dank, da bist du ja wieder, Doro. Was ist passiert?“

Petra gab ihrer Kollegin ein Zeichen. „Wir werden wohl besser einen Arzt rufen.“

„Nein!“ Doro hob die Hand und setzte sich auf. „Nein, es geht schon wieder.“ Sie stützte sich ab und wollte aufstehen. Zwei der umstehenden Frauen halfen ihr dabei. „Bist du sicher?“ Petra schaute sie nachdenklich an.

„Ja, dat geit nu.“ Doro richtete ihre Kleidung, griff nach ihrer Tasche und legte sie in den Einkaufswagen. Kurz fiel ihr der rote Gummistiefel ein, und eine weitere Schwäche erfasste ihren Körper. Doch niemandem fiel das auf.

„Hab wohl zu wenig getrunken heute“, beruhigte sie die Umstehenden – sich selbst mit dem Gedanken, dass das jedermanns roter Gummistiefel sein konnte. Jedoch …

„Willst’ ’nen Lütten?“, versuchte eine der Frauen zu scherzen und holte sie aus ihren Gedanken.

„Nein, aber ein Schluck Wasser wäre gut.“

Petra Tattje griff Doros Arm und schlug vor: „Komm mit. Wenn du sonst nichts brauchst, Wasser haben wir genug.“

Nachdem sie ein paar Schlucke getrunken hatte, setzte Doro ihren Einkauf fort. Das Angebot, sie auf ihrem Nachhauseweg zu begleiten, lehnte sie energisch ab.

Kurz vor dem Kassenbereich kontrollierte sie noch schnell den Inhalt des Einkaufswagens und nickte zufrieden. Alles da, nun schnell nach Hause.

Beim Verlassen des Supermarktes stellte Doro erleichtert fest, dass der Sturm ein wenig nachgelassen hatte. Oder kam er jetzt einfach nur von hinten? Sie klappte den Kragen ihres Mantels fest hoch, zog sich die Riemen ihrer Tasche über die Schulter und schlug so den Nachhauseweg ein.

Kurz bevor sie wieder die Brücke erreichte, verlangsamte sie ihre Schritte. Ob er wohl noch da war? Oder hatte sie sich das alles nur eingebildet? Vorsichtig, fast ängstlich schlich sie über die Brücke und warf einen scheuen Blick über das Geländer. Da war er. Tanzte noch immer auf dem Eis sein einbeiniges Ballett. So als wolle er ihr sagen: „Hier bin ich. Erinnerst du dich an mich? Du sollst mich nicht vergessen, sollst wissen, was damals passiert ist." Doro stieß einen kurzen Schrei aus. Die Erinnerung an die Nacht des Schützenfestes vor vielen Jahren war wieder da, so als sei es erst gestern gewesen.

Konnte das wirklich sein? War das *sein* Stiefel? War er nun bei den Arbeiten an den Spundwänden des Museumshafens aufgetaucht? Oder hatte ihn jemand achtlos weggeworfen und sie bildete sich den Zusammenhang einfach nur ein? Doro wollte den Gedanken nicht weiterführen. Nein, beruhigte sie sich dann, das kann nur ein Zufall sein. Obwohl … Und wenn es so wäre, spann sie den Gedanken doch weiter, würde dann hier noch ein zweiter roter Stiefel auftauchen? Inzwischen hatte der Sturm den Stiefel Richtung Hafenkante tanzen lassen. Ob sie hinunterklettern und nach ihm greifen, sich dadurch Gewissheit verschaffen sollte? Nach dem untrüglichen Zeichen suchen sollte? Vorsichtig machte sie ein paar kurze Schritte den eisigen Abhang hinunter, griff nach dem Stiefel und zog ihn zu sich heran. Nun wurde es zur erschreckenden Gewissheit. Die Schrift war zwar verwaschen, aber dennoch leserlich.

„Peer", konnte sie im Inneren des Schaftes erkennen. Es war tatsächlich *sein* roter Gummistiefel. Die Nacht an der Harle fiel ihr ein, die Geschehnisse, sein Verschwinden und …

Wie in Trance setzte sie ihren Weg fort. Leer, vollkommen leer im Kopf, schwankte sie nach Hause, den Schaft des Stiefels fest umklammernd.

Der Gedanke an die Zeit vor knapp vierundzwanzig Jahren, an die „Nacht der bunten Stiefel", an Peers Verschwinden, aber auch, dass sie jetzt wieder den widerlichen Alten versorgen musste, versetzte sie in Unbehagen. Leicht gebeugt, als trüge sie eine schwere Last auf den Schultern, kam sie an dem windschiefen Haus an.

„Sven!" Doro fuhr erschrocken zusammen, als sie vor dem Haus fast mit ihrem Sohn zusammenstieß. „Wo willst du hin?"

„Zur Arbeit, Olaf will mich sprechen“, antwortete der knapp und schob sich an ihr vorbei.

„Aber es ist doch alles gefroren, ihr könnt gar nicht …!“, rief sie ihm nach. Doch Sven war schon verschwunden. Doro schüttelte den Kopf. Wie ähnlich er doch seinem Großvater, aber auch seinem Vater, war. Mürrisch und wortkarg. Und äußerlich? Peer wie aus dem Gesicht geschnitten. Doro drehte sich mit Tränen in den Augen um und ging ins Haus. Mit schnellen Fingern richtete sie dem Alten das Essen, schälte Kartoffeln und erwärmte den Grünkohl. Kartoffeln, nichts anderes duldete der Alte als Beilage. Kartoffeln, Kartoffeln … Plötzlich nahm sie eine davon auf und warf sie mit einem wütenden Aufschrei gegen die Wand. Die Erinnerung kam zurück. Die Erinnerung an den Sommer vor vierundzwanzig Jahren …

Eine Woche zuvor

Die roten Stiefel tanzten im Wasser der aufgewühlten Harle, als wollten sie ein großes Publikum erfreuen. Doch es war niemand da, der ihnen Beifall klatschte, nicht bei diesem Wetter. Es stürmte in diesen Dezembertagen, was das Zeug hielt, und Kälte von Ost zog auf. Das verhieß nichts Gutes.

Olaf, der die Reparatur an den Spundwänden im Museumshafen organisierte und beaufsichtigte, schien es klar, dass die Arbeiten nun eingestellt werden mussten. Er war schon gegen zehn Uhr am Siel, um eventuelle Sturmschäden zu begutachten. Seine Leute hatte er für zwölf Uhr mittags bestellt. Heute würde hier bis auf Weiteres wohl ihr letzter Arbeitstag sein.

Olaf war einiges gewohnt. Regen, Sturm und Kälte machten ihm kaum etwas aus. Schließlich war es sein Job, auf Baustellen im Freien zu arbeiten. Doch jetzt fror er erbärmlich.

Den Reißverschluss der alten Öljacke bis zum Hals hochgeschoben, Mütze und Kapuze tief ins Gesicht gezogen, stand er nun auf der Brücke der Harle und begutachtete die Baustelle von oben. Hier sah es schlimm aus. Die Arbeiten an den Spundwänden hatten den Teil des Museumshafens um die Brücke herum in eine verdammte Baustelle aus Schlamm und Matsch werden lassen, eine Matschepampe, die nun zu gefrieren begann. Schäden sah er keine. „Hm“, brummte Olaf, „scheint sich ja trotzdem in Grenzen zu halten.“ Stück für Stück fixierte er die Baustelle weiter und nickte zufrieden. Bis auf einiges an Treibgut, das der Sturm wohl in die Harle geweht hatte, konnte er nichts entdecken. Doch irgendetwas Rotes ließ seinen Blick für einen Moment innehalten, aber das konnte nicht zur Baustelle gehören, vermutete er. Erleichtert wendete er sich ab, um nach unten zu klettern. Während er vorsichtig den glitschigen Deich hinabrutschte, trug ihm der Sturm einen kurzen Pfiff ans Ohr, und Olaf musste grinsen. Sven Peelworm, der „Zwarte Sven", wie er im Ort auch hieß, war also auch schon da. Dass der es zu Hause nicht aushielt und als Erster, vor allen anderen Arbeitern, vor Ort sein würde, hatte Olaf schon vermutet. Sven war einer seiner zuverlässigsten Männer, aber auch ein sehr eigenwilliger Typ. Nicht nur der Charakter, sondern auch sein Aussehen war mehr als eigentümlich. Denn, obwohl waschechter Ostfriese, hatte Sven tiefschwarze Haare, was nicht so besonders war. Nein, es war der rote Bart, der den Mann in Kombination mit den schwarzen Haaren mehr als ungewöhnlich aussehen ließ. Früher wurde er dafür gerne aufgezogen, und Sven reagierte mit starken Fäusten darauf, doch inzwischen hatte sich das gelegt, die Leute hatten sich an sein Aussehen und er sich an die Reaktionen gewöhnt.

Jetzt stand Sven neben seinem Chef, klopfte ihm zur Begrüßung auf die Schulter und murmelte ein „Moin" in seinen roten Bart. Mehr war von dem Ostfriesen nicht zu hören. Auch Olaf ließ ein karges „Moin" hören, damit war zwischen den Männern alles gesagt. Stumm standen die beiden nun nebeneinander und prüften die Spundwände mit fachmännischem Blick.

„Müssen die Arbeiten abbrechen!", kam es von Olaf.

„Hm", war die Antwort von Sven. Dann herrschte Stille.

„Zu kalt!", erklärte Olaf knapp.

„Hm!", kam es erneut von Sven. Dann herrschte wieder Pause.

Ein „He!" von Sven holte Olaf aus seinen Gedanken. Er zeigte auf die Harle, in der, nun gut erkennbar, tatsächlich etwas Rotes schwamm.

„Dat?", hakte Olaf nach.

„Jow!" Sven nickte.

„Stiefel?"

„Hm! Twe!"

„Hol up!"

„Hm!", antwortete Sven. Er drehte sich um, lief den Deich ein paar Meter hoch und griff nach einer Harke. Zurück an der Hafenkante, angelte er damit nach den beiden Teilen im Wasser. Es handelte sich tatsächlich um zwei rote Stiefel. Der junge Mann zog einen aus dem Wasser und wollte ihn zur Seite werfen, doch Olaf hielt ihn am Arm fest.

„Lass mich …!", er griff danach. Drehte ihn in den Händen und blickte zu Sven.

„Wat?", wollte der wissen.

Olaf schüttelte den Kopf. „Nix! All up stee!"*

Doch nichts war in Ordnung. Olaf hatte gelesen, was mit schwarzem Filzstift ins Innere des Stiefels geschrieben war. Verblasst, aber noch immer gut leserlich, obwohl er schon mehr als zwanzig Jahre im Wasser gelegen haben musste. Die Erinnerung an die Nacht des Schützenfestes kam zurück. Auch die Erinnerung an Doro, die er noch immer heimlich verehrte.

Er stieß Sven an.

„Der andere?", wollte er wissen und blickte suchend über das Wasser.

„Weg!", kam die knappe Antwort.

„All up stee!", wiederholte Olaf leise.

Doch er wusste: Nichts war in Ordnung. Von diesem Moment an war nichts mehr in Ordnung. Er musste den zweiten Stiefel unbedingt finden. Und Olaf rätselte, was wohl sonst noch aus der Harle auftauchen würde. Woher kam das Stiefelpaar so plötzlich? Und warum schwammen sie obenauf, gingen nicht unter? Was hatte das zu bedeuten? Seine Gedanken gingen zurück zu der Nacht vor vierundzwanzig Jahren.

… ein Sommer vor vielen Jahren

Schon seit Jahren war es in dem kleinen Küstenort gute alte Tradition, in der Samstagnacht des Schützenfestes ein „Gummistiefelweitwerfen" über die Harle zu veranstalten. Mit viel Alkohol im Blut und ebenso viel Spaß waren die jungen Männer und Frauen dabei. Ihre Rufe, Anfeuerungen und Jubelschreie hallten dann durch die Nacht, bis am Morgen die Sonne am Horizont auftauchte. Heute sollte es wieder so weit sein. Die Stiefel waren an ihrem Platz deponiert, lagen für den Wettkampf bereit. Jeder hatte mit wasserfestem Filzstift seinen Namen in den inneren Rand geschrieben. Der Spaß konnte bald beginnen.

Doch vor diesem Spaß stand der Schützenball. Für die Alten war er Tradition, für die jungen Leute das Vorglühen vor ihrem eigentlichen Fest: die „Nacht der bunten Stiefel".

* Alles in Ordnung

Natürlich war auch diesmal wieder einer der jungen Männer abgestellt worden, den vorbereiteten Platz wie auch die an der Harle deponierten Stiefel zu bewachen, damit sich keiner an ihnen vergriff. Diesmal hatte das Los Peer Peelworm getroffen, der die Aufgabe gern annahm. Ein Kasten Bier stand bereit, und Doro würde später mit einer Flasche Weinbrand sowie Cola dazukommen. Auch das hatte das Los entschieden. Peer freute sich auf einen aufregenden Vorabend mit Doro an seiner Seite. Und Peer wollte nun bei Doro endlich Nägel mit Köpfen machen, bevor Olaf sie ihm wegschnappen würde. „Heute ist die entscheidende Nacht", wusste er. Doro reizte ihn schon lange, zierte sich aber über Gebühr, wie er meinte. Einmal, nur ein einziges Mal, vor drei Monaten etwa, hatte er sie dazu bringen können, mit ihm … Sie hatte es danach als Fehler und als zu früh bezeichnet, was ihn sehr ärgerte. Nicht alle Mädchen zierten sich so, aber gerade das reizte den jungen Mann an ihr. Normalerweise waren sie alle heiß darauf, die Nächte mit ihm zu verbringen. Heute war der Tag, nahm er sich vor. Heute würde er sie von sich überzeugen und sich dann nie mehr einem anderen Mädchen zuwenden. Außerdem gab es da ja noch Olaf, seinen Schützenbruder. Peer war mächtig eifersüchtig auf Olaf, doch Doro hatte immer wieder beteuert, er sei nur ein Freund. Ein Freund, mit dem sie über alles reden könne. Pah, reden. Peer wusste genau, dass Olaf ebenso in die schöne junge Frau verknallt war wie er selbst. Wie nur konnte er es anfangen, sie endgültig für sich zu gewinnen? Mit Worten hatte er es nicht so sehr, doch heute wollte er es versuchen.

Die Stiefel zu bewachen war für Peer dagegen eine leichte Aufgabe, obwohl die Jungs aus den Nachbardörfern es sich in den letzten Jahren zum Ziel gesetzt hatten, ihnen das eine oder andere Paar zu klauen. Aber das musste Peer verhindern. Vor den Fäusten des kräftigen Ostfriesen mit den schwarzen Haaren und dem roten Bart hatten die Nachbarn dann doch höllischen Respekt. Sicher war schon bis zu ihnen durchgedrungen, dass ihn das Los getroffen hatte, und man munkelte in der Gegend, dass sich keiner wagen würde, gegen Peer anzutreten.

Ungemütlicher waren da einige junge Touristen, die nach viel Alkoholgenuss der Meinung schienen, dass sie mit der Buchung ihrer Unterkunft hier alle Rechte erworben hätten. Das Recht, an dem nächtlichen Spiel der Einheimischen teilzuhaben, wie auch das Recht an den Mädels des Ortes. Doch eines war hier Gesetz: „Gummistiefelweitwerfen" an der Harle gab es nur für „Eingeborene". Schließlich war es die Nacht der Harlekerls. Und diese Tradition galt es zu verteidigen.

Und Peer verteidigte! Mit einigen jungen Fremden musste er sich anlegen. Peer verteilte ordentlich Schläge, bekam auch einiges ab. Besonders grob wurde er, wenn einer der jungen Männer Doro zu nahe kam.

Diese Nacht war aber auch die Nacht der Liebespaare, alter wie neuer. Alter Lieben wie gerade erst gefundener. Auch die der verbotenen und ungewollten. Es war die Nacht von Peer und – es war die Schreckensnacht von Doro.

Lange dauerte das Fest an der Harle an. Viel Bier und Charly wurden konsumiert. Manch einer, der es nicht schaffte, mit seinen Stiefeln die andere Uferseite zu treffen, musste in das Wasser springen und sie wieder herausziehen. Auch das war Gesetz. So mancher Stiefel ging unter, und sein Besitzer musste auf den Grund der Harle tauchen, um ihn zu finden. Peer war der Letzte, der in die Harle springen und nach seinen roten Stiefeln tauchen musste. Doro saß am Ufer und wartete darauf, dass er wieder aus dem Wasser stieg, schließlich war er ihr die Antwort auf ihre Beichte noch schuldig. Seit einigen Wochen trug sie dieses Geheimnis mit sich, niemandem hatte sie davon erzählt, nur Olaf, schließlich war er ihr bester Freund. Nun wusste es auch Peer. Wie würde der darauf reagieren? Doch Peer tauchte nicht auf. Wollte er sich vor einer Antwort und der Verantwortung drücken? Sollte er etwa abgetaucht sein, verschwunden und sie mit dem Kind im Bauch sitzen gelassen haben? Nach einiger Zeit war sie dann unruhig geworden. Wo blieb er nur? Dann war plötzlich Olaf erschienen und hatte ihr mitgeteilt, dass Peer hinter dem Sieltor in ein Boot gestiegen und abgehauen sei. „Ich soll dir sagen, er will noch keine Frau und auch kein Kind, Doro. Das hat er mir gesagt und auch, dass ich mich um dich kümmern soll." Laut hatte er dann auch allen, die noch vor Ort waren, mitgeteilt, dass Peer abgehauen sei. Sie glaubten ihm.

Die junge Frau konnte es nicht glauben. Erst als in den Häusern ringsum die Menschen schon beim Frühstück saßen, die letzten jungen Leute nach Hause getorkelt waren, machte sich auch Doro auf den Heimweg. Von Weitem konnte sie den Spielmannszug hören, der auf menschenleeren Straßen zum Weckruf unterwegs war. Doro war alleine – doch nicht ganz. Jemand stand versteckt hinter dem Treppenaufgang zum Hotel „Deutsches Haus" und beobachtete sie.

*****

Danach war das Leben nicht leicht. Doro, schwanger von Peer, hatte nie mehr etwas von ihm gehört. Seine Eltern gaben ihr die Schuld am Verschwinden ihres Sohnes. Schon kurz nach der Geburt konnte man erkennen, dass Sven Peers Sohn sein musste. „Er ist der ‚geschissene' Sven", stieß die alte Peelworm aus, als sie den Jungen sah. Die Großmutter durch den Kleinen ein wenig versöhnt, bat dann, dass Doro doch bei ihnen einziehen möge. Der alte Peelworm aber war und blieb unversöhnlich und die Bosheit in Menschengestalt. Vor zehn Jahren starb die Großmutter dann an einer Lungenentzündung, seitdem lebte Doro mit ihm und ihrem Sohn zusammen in dem windschiefen Haus.

Der kalte Tod

Doro grübelte über die Nacht vor vierundzwanzig Jahren …

War Peer gar nicht abgehauen? Hatte Olaf etwa gelogen?, fuhr ihr nun ein schrecklicher Gedanke durch den Kopf. War ihm damals etwas zugestoßen? Aber dann hätte Olaf sie ja angelogen, als er ihr … Doro ließ sich auf den Sessel in der Stube fallen. Den alten Peelworm hatte sie mit Essen versorgt. Der rote Stiefel stand neben ihr auf dem Boden. Ihren sonst so geliebten Paprikasalat mit Schafskäse stellte sie angewidert zur Seite. Sie erinnerte sich daran, dass Peer ohne Schuhe in die Harle gesprungen war. Wenn hier nun sein Stiefel auftauchte, müsste er ja mit nackten Füßen in dieses Boot gestiegen sein, von dem Olaf ihr erzählt hatte. Merkwürdig, sehr merkwürdig war das.

Olaf? Hatte Olaf etwas damit zu tun? Schließlich war er der Letzte, der ihn gesehen hatte. War es eine Lüge, als er ihr mitteilte, dass Peer …? Nicht nur ihr, sondern allen hatte er erzählt, dass Peer in ein Boot gestiegen und weggerudert sei. Er wolle kein Kind, keine Frau, dafür sei er noch nicht bereit, habe er ihm gesagt. Somit war damals schnell überall bekannt, dass Doro schwanger war.

Wie Schuppen fiel es ihr nun von den Augen. Sie konnte es nicht fassen und war sich dennoch sicher – jetzt ganz sicher: Olaf hatte Peer getötet – ihretwegen. Alles andere war eine Lüge.

Immer wieder hatte Olaf damals versucht, sie für sich zu gewinnen, doch Doro wollte nicht. „Du bist ein Freund für mich, Olaf. Lass es dabei. Zu mehr bin ich nicht in der Lage." Irgendwann hatte er sich damit abgefunden. Hatte er das wirklich?

Aus der Küche hörte sie nun den Alten rufen.

„Doro!“ Seine Stimme überschlug sich. „Doro, gib mir noch einen Nachschlag. Willst du mich verhungern lassen? Willst du mich auch auf dem Gewissen haben wie meinen Sohn, verdammtes Miststück?“ Wie in Trance erhob sie sich und lief Richtung Küche. Plötzlich wusste sie ganz genau, was zu tun war. Ein Ruck ging durch ihren Körper. „Heute ist der letzte Tag meines alten Lebens!“ Sie musste Schluss machen! Schluss mit Olaf, der ihrem Sohn den Vater genommen hatte. Schluss mit dem Alten, der ihr … Doro wollte nicht weiter darüber nachdenken.

Wortlos tat sie ihm noch eine Portion Grünkohl mit Speck und dazu zwei Mettenden auf und holte die Schluckflasche aus dem Kühlschrank. Anders als sonst stellte sie diese zusammen mit einem Glas vor den Mann. Wohl wissend, dass er das Glas nicht nutzen würde.

„Einen nur, hörst du? Der Arzt hat es ausdrücklich gesagt. Einen nur.“ Sie schenkte ihm den Schnaps nicht ein. Ließ die Flasche auf dem Tisch stehen.

Eine halbe Stunde später lag der alte Mann, halb zugedeckt mit einer Wolldecke, auf dem alten Friesensofa vor dem Fenster und schnarchte. Doro grinste. Teller und Schluckflasche waren leer. Mindestens vier Stunden, das wusste sie, würde er nun schlafen. Doro griff über ihn, öffnete das Küchenfenster. Sofort wehte der Sturm eine Portion Schnee herein. Sie zog die Decke von dem Mann, ließ sie auf die Erde sinken, verließ die Küche und ging in die Stube. Dort lief im Fernsehen „Michel aus Lönneberga“.

Und Olaf? Doro überlegte nicht lange. Auch für ihn wusste sie eine Lösung. Aber es musste schnell gehen. Diese Möglichkeit gab es nur heute. Sie griff nach ihrem Handy und tippte seine Nummer an. „Tut mir leid, dich zu stören, Olaf. Mein Fenster im Kohlenkeller klemmt, schick mir doch bitte den Jungen kurz, damit er mir hilft. Ubbo Koks kommt heute mit einer Lieferung Kohlen.“ Auf seine Reaktion hätte Doro ihr ganzes Hab und Gut verwettet.

„Nein, lass mal, ich komme und mach das für dich“, kam es durchs Telefon.

Mit einem zufriedenen Seufzer lehnte sie sich zurück und wartete. Der Schürhaak* stand neben der Tür bereit, die steile Stiege in den Kohlenkeller hinab würde das Übrige tun.

Sie schwor sich: „Der eine beendet sein bösartiges Leben im Eis, der andere in den Kohlen.“

* Schürhaken

*****

Am späten Nachmittag …

Im Winter war es in Ostfriesland schon sehr früh dunkel. Auch heute, da der Schneesturm weiter ums Haus tobte. Sven klopfte sich den Schnee von den Schuhen, ebenso von der Jacke, schüttelte seine Mütze aus und trat in den niedrigen Flur. Der junge Mann ging ob seiner Länge immer etwas gebeugt, seit er keinen Türrahmen mehr passieren konnte, ohne sich den Kopf zu stoßen.

„Moder", rief er laut ins Haus. „Moder, es gibt Neuigkeiten. Wo bist du?"

„In der Stube!", hörte er Doro antworten. „Was gibt es denn so Wichtiges, dass du durch das Haus schreist?"

„Olaf hat mich heute zu seinem Stellvertreter in der Firma gemacht. Ich bin jetzt stellvertretender Vorarbeiter, also zweiter Chef, und verdiene ein ganzes Stück mehr." Der junge Mann stieß die Stubentür so heftig auf, dass sie krachend gegen die Wand schlug.

„Sachte, Junge, sachte. Sonst musst du von deinem nächsten Lohn eine neue Tür kaufen. Setz dich zu mir." Doro schlug mit der flachen Hand auf das gediegene Sofa neben ihrem Sessel. „Setz dich und erzähle."

„Na, viel weiß ich auch noch nicht. Er hat mir ein Schreiben in die Hand gedrückt und nicht viel gesagt, dann klingelte sein Handy und er musste weg. Aber er will es mir heute noch erklären, meinte er."

„Wo wollte er denn hin?", hakte Doro vorsichtig nach. Hoffentlich hatte Olaf nicht gesagt, dass sie ihn angerufen hatte.

„Keine Ahnung", kam es nur von ihrem Sohn. Der suchte umständlich nach dem Brief in seiner Jackentasche. Er hielt ihn hoch und freute sich: „Und wenn Olaf mal nicht da ist, muss ich entscheiden, was geschieht."

„Das wird schneller passieren, als du denkst, mein Junge", murmelte Doro kaum hörbar. Sven hörte es tatsächlich nicht. Immer wieder saugte er die Zeilen in dem Schreiben auf. Zwischendurch erblickte er den roten Stiefel neben dem Sessel seiner Mutter und wollte wissen: „Wo hast du den Stiefel her? So einen haben wir vor ein paar Tagen …" Seine Frage wurde durch das Klingeln an der Tür unterbrochen. Sven stand auf. „Das wird Olaf sein. Sicher erklärt er mir noch, was ich in Zukunft alles zu tun habe."

„Das glaube ich eher nicht", ließ Doro verlauten, „ich denke, das ist Ubbo Koks. Ich habe schnell noch einen Nachschub an Brennstoff bestellt, der Winter soll hart werden. Geh, Junge, und hilf Ubbo draußen mit der Kohlenklappe, damit er umfüllen kann."

„Okay!" Sven stand enttäuscht auf und hoffte: „Dann kommt Olaf sicher später noch mal rein. Er hat es mir versprochen."

Auch Doro war aufgestanden. „Sicher, Junge. Sicher!", antwortete sie. Und dann murmelte sie mehr zu sich selbst: „Ich muss aufpassen, dass uns die Kohlen nie ausgehen."

„Ist das Kohlenfenster unten im Keller auf, Mama?", wollte Sven noch wissen.

„Ja, habe ich schon gemacht, Junge."

Entschlossen schob sie den Riegel zum Kohlenkeller zu.

Dort sollte nun niemand hineinschauen. Olaf würde gleich unter einem Berg voller Brennmaterial verschwinden.

„Und nun zu dir, Frieder Peelworm. Du bist jetzt sicher tiefgefroren, es ist an der Zeit, dich zu finden." Doro drehte sich um und ging durch den Flur Richtung Küche.

Sven und auch Ubbo Koks würden brauchbare Zeugen sein.

Mit einem eiskalten Blick auf den eingeschneiten Mann, der steifgefroren unter einer Schneedecke auf dem Ostfriesensofa lag, murmelte sie: „Endlich ist Ruhe im Haus!" Sie prüfte seinen Puls, dann rief sie so laut, dass jeder im und außerhalb des Hauses es hören konnte: „Frieder, Frieder, was ist mit dir?" Und nach einer kurzen Pause: „Sven, komm schnell, der Opa ist eingefroren."

Leise setzte sie nach: „Der Alte unter Schnee, Olaf unter Kohlen. Jeder bekommt seine gerechte Strafe, jeder. Jetzt kann Weihnachten kommen."

In der Nacht noch ging sie zur zugefrorenen Harle und warf die schweren Stiefel, die sie dem toten Olaf ausgezogen hatte, über die Brücke. Sollten sie doch tanzen, sollte man doch denken, dass Olaf hier in der Harle verschwunden war. So wie vor vielen Jahren der Vater ihres Sohnes.

Anschließend, zu Hause in der Stube, dekorierte sie die Weihnachtsbaumspitze dort, wo sie hingehörte. Endlich hatte sie ihren Platz gefunden. Erleichtert seufzte sie: „Frohe Weihnachten!"

Doro achtete tatsächlich Jahr für Jahr darauf, immer rechtzeitig Kohlen zu ordern.

Bei Oma Jettchen und Tant' Fienchen am 3. Advent

Nach der heutigen Advents-Teetied hatte die ganze Familie einen Spaziergang Richtung Strand unternommen und auf dem Heimweg den kleinen Winter-Weihnachtsmarkt im Museumshafen von Carolinensiel besucht. Marie und Felix wünschten sich dort wie immer Pommes mit Ketchup sowie Waffeln am Stiel, die Erwachsenen genossen am Stand von Susanne und Andreas Drillinge mit Champignons und Knobisoße. Nun waren sie, vorbei am Restaurant „Heimathafen", auf dem Weg zurück nach Hause. Ein letzter Blick über den beleuchteten Hafen, den schwimmenden Weihnachtsbaum und das weihnachtlich erleuchtete „Puppen-Café" gegenüber verursachte Oma Jettchen eine Hühnerpelle, und sie schüttelte sich. „Was ist los, Oma?", wollte Tomke wissen und legte ihren Arm um die Schulter ihrer Großmutter. „Ist dir kalt? Lass uns gehen und zu Hause aufwärmen. Nicht, dass du uns noch krank wirst."

Doch Jettchen schüttelte den Kopf. Mit einem Lächeln wandte sie sich ihrer Enkelin zu. „Nein, Kind. Es ist zum einen der wunderschöne Anblick, zum anderen die Erinnerung an einen Vorfall von vor ein paar Jahren."

„Was? Was ist passiert, Oma?" Marie war zu ihnen getreten und schaute erwartungsvoll. „Du bekommst aber auch alles mit, Marie. Das, was damals passiert ist, ist so … ich weiß nicht, was ich sagen soll … das war so gruselig." Die alte Ostfriesin schüttelte den Kopf.

Doch Marie gab keine Ruhe und zerrte aufgeregt am Arm der Oma. „Dann ist es genau richtig. Erzählst du uns die Geschichte, wenn wir zu Hause sind?"

„Nein, wohl nicht. Aber etwas anderes habe ich für euch, das ist nicht so gruselig."

Jettchen erinnerte sich noch genau an die Frau, die vor ein paar Jahren in ihrer Verwirrtheit an einem dunklen Morgen in Nachthemd und

Puschen aus dem Seniorenheim weggelaufen und in die Harle gestürzt war. Nach einer Woche war sie dann tot zwischen den Plattbodenschiffen aufgetaucht.

„Nicht gruselig? Auch nicht spannend? Dann ist es sicher langweilig", warf Marie ein und holte die alte Frau aus ihren Gedanken zurück. „Ich will aber was Spannendes hören."

„Na, du wirst schon sehen, spannend ist es schon, was ich euch erzähle. Aber zuerst muss ich meine Schwester fragen, ob ich es überhaupt erzählen darf." Sie stupste Fienchen an, die inzwischen neben ihr stand, und zwinkerte Marie zu.

„Ach, es geht um mich? Was willst du schon wieder verraten?"

Jettchen flüsterte ihrer Schwester etwas ins Ohr. Die sagte nichts dazu, sondern winkte ab und lief den schmalen Pad hinunter in Richtung Bahnhofstraße. Was sie dabei vor sich hin schimpfte, verstand niemand.

Inzwischen waren auch die Nachzügler da. Michaela trug eine große Tüte in den Händen. Sie hatte zum Nachtisch Prüllkers, das ostfriesische Hefegebäck, besorgt.

Nun schlug sie vor: „Lasst uns gehen, die Prüllkers schmecken doch nur warm!", und hielt das Paket hoch. So machte sich die ganze Truppe auf den Heimweg. Fienchen und Marie vorweg, der Rest hinterher.

Nachdem der Nachtisch verputzt war, brachten Carsten und Michaela den kleinen Felix zu Bett, Marie durfte noch aufbleiben, sie hatte am nächsten Tag schulfrei. Coronafrei sagte sie dazu.

„Jetzt will ich aber eine neue Geschichte hören, Oma. Du hast es versprochen", quengelte das Mädchen …

… und Oma erzählt

„Ich weiß gar nicht, wie ich anfangen soll, außerdem ist es schon lange her." Und zu ihrer Enkelin gewandt, meinte sie: „Tomke, Kind. Mach uns noch 'ne Runde Grog! Mir ist immer noch *frierig*. Euch nicht?"

Maries Ungeduld war nicht zu bremsen. „Omaaa, erzähl doch endlich. Ist es ein Krimi?", wollte das Mädchen noch wissen und schlug ihr Notizbuch auf.

„Drängele doch Oma nicht, Kind." Michaela schüttelte den Kopf.

Oma Jettchen nahm einen Schluck des heißen Getränkes und begann.

„Nein, es ist kein Krimi, aber spannend schon, und eine Tote hätte es dabei durchaus auch geben können. Also, Ruhe jetzt."

Oma rückte sich auf ihrem Stuhl zurecht.

„Ihr kennt ja alle Fienchens Begeisterung am Schummeln*, dabei ist ihr auch schon manches Malheur passiert, wie ihr wisst. Ich erinnere da nur an die gelbe Tonne, in der sie verschwunden ist und fast nicht mehr herausgekommen wäre."

„Schwester, das nicht!", quäkte nun Fienchen dazwischen.

„Jaja. Also, vor ein paar Jahren, nein, es ist ja schon fast dreißig Jahre her – Leute wie die Zeit vergeht, schließlich sind Fienchen und ich schon über neunzig –, vor dreißig Jahren also", fuhr sie fort, „musste ich meine Schwester aus einer sehr misslichen Situation befreien. Es war um die Zeit wie jetzt. Kurz vor Weihnachten und für Fienchen wieder einmal *die* Gelegenheit, einen Hausputz zu veranstalten. Also, alles ab, alles runter, alles von oben nach unten drehen, von innen nach außen. Jede Fuge, jede Ritze mit der Zahnbürste bearbeiten, schrubben und schummeln, was das Zeug hält. Fienchen aber putzte nicht nur unten, sondern auch in schwindelnder Höhe."

„Vor dreißig Jahren bin ich noch jede Leiter hoch, aber jetzt lässt mich meine Schwester nicht mehr, dabei müsste unbedingt …"

„Schwester, wage dich! Dafür haben wir die jungen Leute. Aber weiter: Ich war an dem Tag am Siel bei Scheidemann und anschließend von Kissi Tee holen. Als ich nach einiger Zeit zurückkam, hörte ich meine Schwester schon. Ganz leise nur, aber ich wusste sofort, da musste etwas passiert sein. Nur, woher ihre Rufe kamen, das konnte ich nicht gleich erkennen, also schaute ich in jedes Zimmer, bis ich am Ende in unsere Toilette kam."

„Was ist passiert?", wollte Marie aufgeregt und mit hochroten Wangen wissen. Tomke schmunzelte, sie konnte sich inzwischen an die Geschichte erinnern, obwohl sie damals noch ein Kind war.

„Ihr müsst wissen, vor dreißig Jahren hatten wir noch nicht solch eine Toilettenspülung wie heute, mit Spülkasten hinter der Schüssel oder in der Wand, sondern ein ganz altes Modell. Da hing der Wasserbehälter mit dem Spülwasser fast unter der Decke. Daran eine lange Kette mit einem Griff, an dem man ziehen musste, damit das Wasser von oben durch ein Rohr in die Toilette lief und den ganzen Schiet in die Sickergrube beförderte. Ihr versteht?" Sie wartete nicht auf Antwort, sondern sprach weiter. „Meine Schwester, unser kleines Putzteufelchen, hatte wohl vor, diesen Wasserkasten von innen zu putzen."

* Putzen

„Muss auch mal sein!“, warf Fienchen aus voller Überzeugung ein.

„Nein, wirklich nicht. Aber lass mich erzählen.“ Oma warf ihrer Schwester einen strengen Blick zu. „Sie hatte sich eine Leiter gegen die Wand gelehnt, war hochgestiegen und bearbeitete den Wasserbehälter wohl ordentlich von innen, doch plötzlich rutschte die Leiter weg.“

Nun wurde die Runde unruhig. „Nein, uiii, ohjeee!“, kam es von den Erwachsenen.

Marie meinte: „Geil, und was ist passiert?“

„Nichts, zum Glück. Sie hing mit beiden Händen an diesem Kasten. Klammerte sich daran fest. Einen Fuß konnte sie auf einer Befestigungsschelle des Rohres abstellen und wartete darauf, dass ihr jemand zu Hilfe kam. Wie lange schon, das hat sie mir nie verraten.“

„Und dann?“, wollte Carsten wissen.

„Dann habe ich sie mit einer Hand gepackt, mit der anderen die Leiter aufgestellt, um ihr herunterzuhelfen.“ Ein Aufatmen ging durch die Runde.

„Aber das ist noch nicht alles. Meine verrückte Schwester meinte, dass ich nun die Leiter festhalten solle, damit sie ihr Putzwerk zu Ende bringen könne.“ Jettchen schlug sich mit der flachen Hand gegen die Stirn.

„Hast du?“, wollte Carsten grinsend wissen.

„Nein! Ich hab’ gesagt: Entweder du kommst runter oder ich nehme dir die Leiter weg und du bleibst für immer da oben. Na, die Schimpftirade hättet ihr mal hören sollen.“

„Aber warum bist du denn nicht einfach runtergesprungen?“, wollte Marie ganz unbedarft wissen. „Ich hätte einfach losgelassen und wäre …“

Tomke unterbrach aber und meinte: „Gut, dass sie es nicht gemacht hat. Wer weiß, was sie sich gebrochen hätte.“

„Ja, das Genick!“, kam es von Oma Jettchen.

„Ach was!“, von Fienchen.

Der Abend des dritten Advent war noch lange nicht zu Ende. Man saß um den großen Küchentisch und erzählte weiter von früher. Fienchen setzte an, die Geschichte von Oma Jettchens Gebiss bei Harry, dem Frisör zu erzählen, das aber ließ Oma nicht zu. Zu peinlich war ihr die Geschichte. „Schluss jetzt!“, beschloss sie irgendwann. „Zeit, ins Bett zu gehen.“ Die dritte Kerze am Adventskranz war schon fast heruntergebrannt, als alle sich in ihr Bett oder nach Hause verabschiedeten.

Zwei Leichen zu viel

Es hatte sich schnell rumgesprochen, kurz vor Weihnachten, dass am Siel etwas passiert sein musste. Auch ohne Handy und Internet, an das in den 50er-Jahren noch niemand dachte, wusste es ruckzuck das ganze Dorf. Aber von vorn!

Zehn Tage vor Weihnachten gab es in der Gegend zwei Todesfälle. Einen der Alten aus dem Dorf hatte eine Lungenentzündung hinweggerafft, und einen weiteren Toten gab es draußen auf einem abgelegenen Hof, denn auch der olle Jannssen hatte den kalten Winter nicht überstanden.
Ammo Sarg*, Bestatter, Friedhofsgärtner und Leichenabholer in einer Person, hatte wie immer die Aufgabe, die Särge nach der Aufbahrung im Familienkreis dort abzuholen und ins Dorf zur Leichenhalle neben der Kirche zu bringen.

Und das tat er auch. Er fuhr mit seinem Pferdegespann los, wurde von den Hinterbliebenen mit Essen und natürlich auch mit Schluck und anderen wärmenden Getränken versorgt, so wie das eben üblich war. Diesmal dauerte alles sehr viel länger, denn es gab ja zwei Leichen. Also zweimal Essen, zweimal Schnaps. Es war schon fast dunkel, als Ammo Sarg sich mit zwei Särgen auf dem Anhänger auf den Rückweg zur Leichenhalle machte. Am späten Abend standen die Särge in der Leichenhalle zur Trauerfeier bereit, am nächsten und übernächsten Tag sollte jeweils die Beerdigung stattfinden. Dabei gab es das übliche Ritual mit Leichenschmaus. Die Familie im Dorf kredenzte Teekoken**, bei der Bauersfamilie am nächsten Tag gab es „Snirtje“ (Rezept siehe Seite 76)“.

Alles verbunden mit Schluck und guten Worten über die Verblichenen. Man war auch nicht sehr lange traurig, denn die beiden Verstorbenen

* eigentlich hieß der Mann natürlich nicht Sarg mit Nachnamen. Aber in der Gegend war es üblich, die Leute nach ihren Berufen zu nennen. Mehr dazu am Ende des Buches.

** Teekuchen

waren alt und hatten es auf den Bronchien. Im Winter stirbt es sich im hohen Alter eben leicht.

Die Toten kamen in ihre Gräber, wat mut, dat mut, Erde drauf und gut. Oder auch nicht?

Was dann acht Tage später geschah, war sehr seltsam. Entlang des Hafenbeckens, zwischen ankernden Schiffen, tauchte eine männliche, nicht identifizierbare Leiche auf. Am gleichen Tag, etwas weiter vorne, am Siel, eine zweite. Um wen es sich handelte, konnte keiner erkennen, zu aufgedunsen waren die Gesichter und die Aufregung natürlich groß.

Gab es einen Mörder hier im Dorf? Wer hatte zwei Männer getötet und ins Wasser geworfen? Die Polizeistation in Wittmund wurde benachrichtigt, Aurich ebenfalls zu Rate gezogen. Besonders seltsam war, dass die beiden Toten schwarze Anzüge trugen, so als seien sie zu einer feierlichen Veranstaltung unterwegs gewesen. Ein skurriles Bild bot sich den Leuten. Seltsam, sehr seltsam.

Ammo Sarg wurde beauftragt, die beiden Toten in die Leichenhalle zu bringen, damit man dort untersuchen konnte, wie sie ums Leben gekommen waren. Ammo aber meldete sich krank. Er läge mit schwerer Grippe zu Bett und sei nicht in der Lage aufzustehen, hieß es. Sonst müssten die beiden Kaltblüter Erna und Lisa am Ende noch ihren Herren zur Leichenhalle bringen. So wurde ein Leichenbestatter aus dem Nachbardorf geholt.

An den beiden Toten war äußerlich nicht zu erkennen, wie sie ums Leben gekommen waren. Keine Wunden, keine anderen Merkmale. Nun ging im Dorf das Gerücht um, dass wohl eine Epidemie im Anmarsch sei. Schließlich gab es vier Tote innerhalb von zehn Tagen, was ungewöhnlich war, und Ammo Sarg lag ja auch mit schwerer Grippe zu Bett. Eine böse, todbringende Grippewelle wurde vermutet, Gift zwischenzeitlich aber auch nicht ausgeschlossen. Gerücht um Gerücht kam auf. Einer erzählte, dass die beiden sicher im Fieberwahn bei Nacht und Dunkel durch den Ort geirrt und in das eiskalte Wasser der Harle gefallen seien. Ein anderer meinte: „Ganz sicher, denn wenn man bei dieser Kälte ins Wasser fällt, taucht man frühestens nach fünf bis sechs Tagen oder noch später auf. Die kalte Harle hält lange frisch!“

„Stimmt!“, gab es eine weitere Stimme. „Im Sommer geht das schneller.“

Man kann sich vorstellen, was im Dorf los war. Die beiden Toten, wie auch die anstehende Grippewelle, waren das Thema schlechthin.

Manch einer hoffte auf einen Mörder, der sei schließlich nicht so schlimm, gegen den könne man sich wehren oder die Polizei zu Hilfe holen, aber eine Grippe, die vielleicht das halbe Dorf hinwegraffte, das wäre doch viel schlimmer, war die Meinung.

Und tatsächlich, ein Leichenbeschauer, der die beiden Toten untersuchte, konnte keinerlei äußerliche Verletzungen feststellen. Er ordnete an, dass die beiden aufgeschnitten und genauer untersucht werden müssten. Zwei kräftige Männer aus dem Dorf wurden beauftragt, dem Bestatter zu helfen, die Toten in Totensäcke zu packen und umgehend nach Wittmund zur Untersuchung zu bringen. Als sie eben eine der beiden Leichen abdecken wollten, rief ein Helfer: „De Kerl sieht ut wie min Vader, aber den heb wi doch för acht Dag in'd Erd brocht!"

Er schaute noch mal genauer hin und stellte fest: „Sin Kluft (er meinte den Anzug), die kenn ik doch, und he hat das selbige Modermaal wie ich. Kiek nur!" Dann band er seinen Schal ab und zeigte auf einen braunen Leberfleck an seinem Hals. Man konnte es natürlich nicht glauben, dass das der olle Jannssen vom Jannssenhof draußen, zwei Kilometer vom Dorf entfernt, sein sollte. Der Leichenbeschauer vermutete einen schlechten Scherz und schimpfte laut, dass man ihn bitte nicht auf den Arm nehmen solle, schließlich sei hier Pietät gefragt.

Jokel Jannssen allerdings bestand darauf. „Dat is mien Vader!"

Wenn das stimmte, wer lag dann im Sarg, den man eine Woche zuvor in die Erde gelassen hatte? Und, handelte es sich am Ende bei dem zweiten Toten um den anderen, den zuvor Verstorbenen aus dem Dorf? Um Hinnerk Fietig?

Schnell wurde ein weiterer Helfer losgeschickt, um jemanden aus Hinnerks Familie zwecks Identifikation zu holen.

Eine Stunde später herrschte Klarheit. Es war tatsächlich Hinnerk Fietig, die Obduktion somit hinfällig.

Nachdem sich die erste Aufregung gelegt hatte, fragte man sich in dem kleinen Küstenort natürlich: „Wie kommen die beiden alten Männer in die Harle, und wer liegt wohl in den Särgen? Wer wurde vor einigen Tagen beerdigt?"

Musste man diese ausbuddeln und nachschauen? Der herbeigeeilte Bürgermeister besprach sich mit dem Pfarrer, und man kam zu dem Entschluss, dass hier nur Ammo Sarg Auskunft geben könne. Aber der lag doch mit Grippe …

„Grippe?“, fragte der Pfarrer in die Runde. „Wer weiß, was das mit der Grippe auf sich hat? Ich gehe hin und rede mit ihm. Wartet hier auf mich.“

„Aber Herr Pfarrer, wenn er tatsächlich Grippe hat und Sie sich ... es kann vielleicht doch eine Epidemie sein“, kamen vorsichtige Stimmen auf.

Der Pfarrer schüttelte entschlossen den Kopf. „Ich glaube, diese Grippe kenne ich. Na, wenn das stimmt, dann ...“ Entschlossen lief der Mann los.

Es dauerte keine Stunde, und der Gottesmann war zurück. Zu den Wartenden hatte sich mittlerweile das ganze Dorf gesellt. Fast jeder und jede hatte etwas zur Verköstigung dabei. Tee und Rum – zum Aufwärmen –, aber auch Stuten, Brot und Hausmacherwürste begrüßten den Pfarrer bei seiner Rückkehr. Gespannt blickten ihm die Dorfbewohner entgegen.

„Und, was sagt Ammo?“, wollte Jokel Jannssen als Erster wissen.

„Ach Leute, gebt mir erst mal ’nen Schluck, die Geschichte ist mir ja so auf den Magen geschlagen. Und das, wo doch morgen Weihnachten ist“, stöhnte der Pfarrer. Er nahm einen und goss noch einen zweiten Schluck hinterher, stellte das Schnapsglas ab und begann zu erzählen.

Was war passiert?

Der Pfarrer berichtete, was ihm der Mann, der gar nicht so krank war, gestanden hatte.

Vor zehn Tagen hatte Ammo Sarg tatsächlich die beiden Verstorbenen in die vorbereiteten Särge verbracht und auf den Hänger seines Pferdefuhrwerks geladen. Nicht mehr ganz nüchtern, denn zweimal Leichen holen hieß ja auch zweimal Verköstigung – und Schluck und Grog ließ er sich hier wie dort gut schmecken.

Auf dem Weg zurück ins Dorf, es war inzwischen dunkel geworden, fielen dem Mann immer wieder die Augen zu, was aber nicht weiter schlimm war, denn seine beiden Pferde kannten den Weg von alleine. Er hielt, so wie üblich, die Zügel locker in der Hand und ließ Erna und Lisa laufen. Entlang des Ufers des kleinen Zuflusses zur Küste, in einer Kurve, musste das Hinterrad über einen groben Stein geholpert sein, was den Mann aus seinem Schlaf weckte und erschrocken hochfahren ließ. Er zerrte dabei wohl zu stark an den Zügeln. Das wiederum schreckte die Pferde auf. Lisa scheute, das Fuhrwerk geriet ins Wanken, die Särge rutschten vom Hänger und fielen ins Ufergras der Böschung, lagen nun schräg am Deich. Das allerdings wäre nicht so schlimm gewesen, hätten sich nicht die Sargdeckel geöffnet und wären die beiden Toten dadurch nicht ins Wasser gerutscht.

Zu seiner Entschuldigung hatte Ammo dem Pfarrer gegenüber gemeint: „Was hätte ich denn machen sollen? Die ollen Kerle waren weg, im Wasser. Es war so dunkel, dass ich nix sehen konnte. Kalt war es auch. Also hab' ich die Särge aufgeladen und …"

„Und leer beerdigen lassen? Ja, bist du denn noch bei Sinnen?", hatte der Pfarrer geschimpft.

„Jow!" Nun war Ammo wieder ganz ostfriesisch gelassen und pragmatisch. „Hätte doch nur Aufregung im Dorf gegeben. Ich dachte: Weg ist weg. Konnte ja nicht ahnen, dass die Kerls wieder hochkommen. Hätten ja auch durch die Strömung ihr Grab in der Nordsee finden können."

Gleich am nächsten Tag wurden die beiden Gräber geöffnet, die verlorenen Toten hineingelegt und bestattet. Einen weiteren Leichenschmaus gab es nicht, schließlich war nun Weihnachten.

Ob es diesen Vorfall wirklich gegeben hat oder der Fantasie der Ostfriesen entsprungen ist, fragt ihr euch nun? Ich kann es nicht sagen. Obwohl, so oder so ähnlich …

Rezept

Snirtje

Snirtje, der Name leitet sich vom *snirrtjen*, auch *sniertjen*, dem plattdeutschen Wort für brutzeln oder braten ab, ist ein beliebtes ostfriesisches Fleischgericht. Bitte nicht Snirtjebraten, das wäre dann ja Bratenbraten …

Sie brauchen:

- 2 kg frisches Schweinefleisch (Nacken und Schulter)
- dazu: Salz, Pfeffer, Paprika, 1 TL Senf, Lorbeer, Nelken, Wacholder, Piment nach Bedarf und Geschmack (es gibt auch fertiges Snirtjegewürz zu kaufen)
- Butterschmalz
- 3–4 große Zwiebeln
- 800 ml Wasser (nach Belieben auch mit etwas Rotwein mischen)
- 300 ml Sahne, wer es deftiger mag, 500 ml Sahne
- 1 EL Mehl zum Abbinden

Das Fleisch in 7–10 cm große Stücke schneiden (nicht in kleine Gulaschstücke), mit den Gewürzen bestreuen und ein paar Stunden stehen lassen. Butterschmalz in einem Bratentopf erhitzen, die Fleischstücke zugeben und von allen Seiten schön braun braten lassen. Die Zwiebeln schälen und grob geviertelt zum Snirtje geben und kurz anbraten. Darauf achten, dass jede Seite der Fleischwürfel gut angebraten wird. Mit Wasser/Rotwein dann die Fleischstücke angießen, sodass sich die Röstaromen gut vom Boden lösen.

Die Fleischstücke sollten zu zwei Dritteln von der Flüssigkeit bedeckt sein. Deckel des Bräters schließen und das Fleisch bei schwacher Hitze etwa 2 Stunden schmoren lassen. Dabei die Fleischstücke mehrmals wenden, damit alles gleichmäßig durchgegart und zart wird, evtl. Flüssigkeit nachgießen. Abschließend die Fleischstücke aus der Soße nehmen, um die Soße mit 3 Esslöffeln Sahne und 1 Esslöffel Mehl abzubinden. Rest der Sahne dazu und die Soße mit Salz und Pfeffer würzig abschmecken. Snirtje nach „Ostfriesischer Art“ wird mit Rotkohl und Salzkartoffeln gegessen. Selbstverständlich passen auch Klöße dazu. *Dat is moi lecker* und wird vor allem im Winter serviert!

Zur „Verdauung“ gibt es in Ostfriesland anschließend den einen oder anderen Schluck.

Der Schneepflug

Es fällt der Schnee in dicken Flocken,
so sanft, so zart, so still,
die Erde jetzt zur Ruhe kommt,
Frau Holle es so will.
Die Stiefel an, die Mützen auf,
raus in die weiße Pracht,
wir treffen uns zum Schneemann bau'n
noch in der dunklen Nacht.
Es fällt der Schnee in dicken Flocken,
so schön, so weiß, so still,
doch wo kommt dieser Krach nur her?
Der Schneepflug es so will.
Mit aller Macht schiebt er hinweg
die zarte, weiße Pracht,
zieh ab, du stinkender Gesell,
verschwind aus dunkler Nacht!

Gaby Kaden

Bei Oma Jettchen und Tant' Fienchen am 4. Advent

Heute, am vierten Advent, saß die Küche der beiden Ostfriesinnen mehr als voll, denn Thomas und Gesche (der Mann mit dem Hut und seine Frau) waren von der Insel Spiekeroog herübergekommen.

Oma hatte zwar vorgeschlagen, in die gute Stube zu gehen, aber ausnahmslos alle fanden es in der Küche gemütlicher. Hier bollerte der alte Herd, während der Sturm heute um das Haus pfiff und an Fenstern und Dach heftig rüttelte. Ab und an gab auch der Wasserkessel einen Pfeifton von sich, dann war es Zeit, die Groggläser nachzufüllen.

Die Teetied war lange vorbei, Stuten und Stollen abgeräumt, nur die Neujahrskuchen standen noch auf dem Tisch. Daran taten sie sich alle gütlich.

Was sonst in Ostfriesland, insbesondere auf den Inseln, der „Singende Adventskalender" war, zelebrierte man im Haus auf dem Deich an jedem der vier Adventssonntage. Geschichten erzählen, singen, klönen. Sie hatten hier ihren eigenen, kleinen „Singenden Adventskalender".

Der kleine Felix hatte im Kindergarten ein neues Lied up Platt gelernt, das er ständig vor sich hinsang. Anfangs taten die Erwachsenen noch mit, aber irgendwann hatten sie genug. Marie rief: „Felix, jetzt halt doch mal die Klappe." Die anderen stöhnten: „Felix, nicht schon wieder", wenn der kleine Mann aufs Neue lauthals den Refrain trällerte:

„Ja, dat ist Wiehnacht,
dat is mien Wiehnacht,
uns Wiehnacht up't Siel!"
(Musik & Text v. Hans Janssen. Das komplette Lied finden Sie unter anderem in meinem Buch KÜSTENGÖTTER)

Er saß wie sonst auch auf dem Küchenboden und spielte mit seinen Autos.

„Oma, du musst wieder eine Geschichte erzählen!", bettelte Marie. „Aber spannend muss sie sein, denk dran. Sonst ist es langweilig."

Oma Jettchen schubste Thomas an und forderte ihn auf: „Mach du mal, ihr drüben auf der Insel habt doch sicher auch so manch spannende Sache erlebt." Thomas lehnte sich lachend zurück und meinte: „Aber nichts von Mord und Totschlag, da passe ich!"

Marie murrte, gab dann aber nach und meinte. „Okay, wenn du meinst." Sie liebte Onkel und Tante von der Insel Spiekeroog sehr und wollte es sich nicht verscherzen. „Fang endlich an", drängelte sie und schlug ihr Notizheft auf.

Thomas überlegte einen Moment und begann.

„Vielleicht nicht spannend, aber interessant, denn das gibt es heut so sicher nicht mehr. Als ich Kind war, haben wir uns im Frühjahr bis in den Sommer hinein mit Beestmelk ein wenig Taschengeld verdient."

„Beestmelk? Was ist das denn?", wollte Carsten wissen. Als ausgewanderter Hesse hatte er dieses Wort noch nie gehört.

„Lass ihn doch erzählen, Papa!" Marie war ungeduldig und gespannt.

„Beestmelk ist die allererste Milch der Kuh nach dem Kalben", erklärte Thomas nun, „eiweißhaltig, fett und besonders kräftig für das neugeborene Kalb, damit es vor Krankheiten und Infektionen geschützt ist. Aber auch Menschen lechzten danach, denn daraus ließ sich wunderbar Beestmelkpüüt machen, ein Milchkloß."

„Oh jaaa", fielen Oma und Tant' Fienchen ein. „Das gabs auf dem Festland auch. Heute kennt das kaum noch einer. Melkpüüt mit Sirup oder Buttersoße, lecker!"

„Ja und?", drängelte Marie.

Nun sprach Thomas weiter. „Nun, wir Kinder sind damals mit dem Fahrrad über die Insel zum Melksett, dem Melkplatz mitten auf der Insel, gefahren, um dort die Beestmelk zu holen und an Insulaner, die keine Kühe hatten, zu verteilen. Für diesen Bringdienst haben wir dann ein paar Groschen oder Süßigkeiten bekommen. Das war eine schöne Aufstockung unseres Taschengeldes, das damals wirklich sehr mickerig war."

„Und was ist passiert?", wollte Marie wissen, die immer nach spannenden Geschichten suchte.

„Passiert? Viel passiert ist nicht, außer, dass jeder der Erste und Schnellste sein wollte; je mehr man verteilen konnte, umso besser war das fürs Taschengeld." Dann stockte Thomas und fuhr nach einer kurzen Pause lachend fort: „Die eine oder andere Rangelei um die Milchkannen gab es schon, und ab und zu ergoss sich die Beestmelk über den Weg, wenn man zu sehr ins Streiten kam. Aber das passierte nur selten."

„Und was haben die Leute dann aus dieser Milch gemacht?", hakte Carsten nach.

„Pirl in' Püüt oder auch Melkpüüt beziehungsweise Sackkook, also Sackkuchen, weil das Ganze in einem Stoffsack zubereitet wurde. Aber wie das gemacht wurde, kann ich dir nicht sagen."

„Ich aber!", meldete sich Oma.

„Machst du das mal?", wollte Marie wissen.

„Mit fetter Milch vielleicht, aber mit Beestmelk nicht, die ist ja kaum noch zu bekommen."

„Aber hat die Milch denn dann überhaupt für die Kälbchen gereicht?", wollte Marie, die sich sofort um das Wohlergehen der Tiere sorgte, von Thomas nun nachdenklich wissen.

„Natürlich", beruhigte der sie, „der Bauer hat nur abgegeben, was übrig war. Die Kälbchen gingen natürlich vor."

Alle redeten nun durcheinander, hatten Fragen oder auch Wissenswertes zur Beestmelk zu verkünden, bis Marie Thomas anstupste und meinte: „Und was noch? Was war noch so los auf der Insel?"

„Du willst wohl was Spannendes hören, stimmt's?"

Marie nickte. Thomas schaute sie nachdenklich an und begann.

„Spannend war die Sturmflut 1962, das kann ich dir sagen, so etwas braucht kein Mensch. Sie hat viele Menschenleben gefordert. Ich war damals ja noch ein Kind. Die Insel war überflutet, wir mussten hoch in den ersten Stock unseres Hauses, um keine nassen Füße zu bekommen. Draußen schwamm alles vorbei, was nicht rechtzeitig angebunden war, und sogar angebundene Dinge rissen sich durch die Fluten los und schwammen über die Insel. Mein Vater hatte einen Getränkehandel, und unter uns schepperte und klirrte es dauernd, wenn die nächste Welle ins Haus eindrang. Jedes Mal zerschellten dabei Flaschen mit Bier, Wasser, Saft und mehr. Das war nicht lustig, kann ich dir sagen, und mein Vater schickte ein Stoßgebet nach dem anderen los. Unsere neue Ölheizung war auch abgesoffen, und eine ganze Anzahl von leeren Batterie-Öltanks, die eigentlich gerade eingebaut werden sollten, schwamm ums Haus."

„Dann erzähl auch gleich mal, was du, als das Wasser langsam zurückgegangen war, mit den Tanks gemacht hast", schaltete sich nun Gesche ein.

„Ich?", tat Thomas unschuldig.

„Ja, du!", tat Gesche streng.

„Ich", begann Thomas und grinste in die Runde, „ich und mein Bruder, wir besorgten uns Mutters Bohnenstangen aus dem Schuppen, kletterten auf die leeren Tanks und schipperten so über die Insel. Die langen Stangen brauchten wir, um uns abzustoßen und fortzubewegen." Nun schwieg er. Alle im Raum warteten darauf, dass er weitersprach.

Dann ging Gesche wieder dazwischen. „Erzähl schon, wie es ausgegangen ist!"

Thomas lachte verschmitzt. „Na ja, diese Tanks musste mein Vater später mit dem Pferdewagen vom anderen Ende der Insel holen, denn inzwischen war das Wasser komplett abgelaufen, die Insel kam langsam wieder zum Vorschein, und so konnten wir nicht zurückschippern. Wir ließen die Tanks, wo sie waren, liefen nach Hause, brachten Mutters Bohnenstangen zurück in den Schuppen und taten unschuldig. Vater hat nie bemerkt, dass wir es waren, oder einfach nur so getan. Wir haben es nie gebeichtet", lachte Thomas am Ende.

„Okay", meinte Marie nun, „wirklich spannend war das jetzt nicht, aber vielleicht kann ich das in eine Geschichte einbauen.

Die Erwachsenen schauten sich an und meinten dann nur stöhnend: „Marieee …"!

„Ja, was?", konterte die, „die Sturmflut nehmen wir gerade in der Schule durch, dafür kann ich es auch brauchen."

Gesche legte den Arm um das Mädchen. „Na, vielleicht habe ich noch etwas für dich, Marie, und für euch alle. Eine ganz kurze Anekdote. Geschehen auch zur Sturmflut 1962 … hört mal zu:

„Es begann ja schon Tage vorher, dass das Wasser zwei Meter über den mittleren Wert stieg. So richtig heftig wurde es dann am 16. und 17. Februar 1962. Auch in Neuharlingersiel bei meinen Verwandten kam das Wasser übern Deich. Alles war in heller Aufregung, denn es zeichnete sich ein großes Unheil ab. Tante Nannis Obst- und Gemüsebude schwamm an Onkel Willi Jacobs' Haus vorbei, er hat sie mit viel Mühe eingefangen und an einem Eisenring angebunden. Dort schipperte sie dann hin und her, bis das Wasser wieder weg war. Den Ring gibt es übrigens noch immer dort. Meine Tante Hanna, seine Frau, saß derweil in der Küche am warmen Ofen, die Füße auf einem kleinen Holzstövchen, und strickte, als sie bemerkten, dass das Wasser von hinten in das Haus und in die Küche lief.

Meine Cousine Sophie, ihre Tochter, kam aufgeregt in die Küche und rief: ‚Muder, dat Water kummt!'

Tant' Hanna blieb ruhig, strickte weiter und meinte: ‚Och, dat löppt ok al'ns weher wech.' Das war alles, und es stimmte ja auch – irgendwie, irgendwann!"

Auch Oma und Fienchen erinnerten sich an die schreckliche Zeit im Jahre 1962, die nun bald ein bitteres Jubiläum haben würde.

Hier nun das Rezept für Melkpüüt – oder wie immer das Gericht genannt wird, denn das hängt von der Region ab.

Rezept Melkpüüt

1 Liter Beestmelk (ist heute schwer erhältlich, vielleicht kann der Biobauer da helfen) oder Vorzugsmilch
150–200 Gramm Mehl
1 Ei
etwas Salz
2 TL Natron

Alles verrühren, in einen Leinensack gießen, mit einem Wollfaden zubinden und im Wasserbad 60 Minuten kochen. Mit süßer Beilage, aber gern auch deftig servieren.

Besonders gut schmeckt es am nächsten Tag in Scheiben geschnitten, ausgebacken und in Zucker und Zimt gewendet, wurde mir berichtet.

Mit dem Messer im Rücken

Von starken Frauen und ihrer Rache

… sie lehnte sich mit dem Brustkorb gegen den Knauf des Messers und drückte mit ganzer Kraft zu. Während die Klinge in seinen Rücken eindrang, riss Gero erst stumm den Mund, dann ungläubig die Augen auf, die nach Sekunden ihren Glanz verloren. Sein Oberkörper fiel nach vorne, der sonnenstudiogebräunte Kopf landete im Festtagsbraten zwischen Rotkohl und Klößen. Soße, vermischt mit Rotkohl, spritzte auf, vermischte sich mit Haargel und tropfte langsam zurück in das Festessen.

Was war passiert? Das ist schnell erzählt!

Wie heißt es doch? Hinter einem erfolgreichen Mann steht eine kluge Frau – oder? Wobei ich mich allerdings frage, ob hinter einer erfolgreichen Frau auch immer ein kluger Mann steht. Aber das nur am Rande.

Kommen wir also zu Gero und Tilda. Die ersten Jahre ihrer Ehe bauten sie gemeinsam den Hotelbetrieb auf, an und um, den Gero von seinen Eltern übernommen hatte, denn die waren kurz vor der Hochzeit der beiden jungen Leute bei einem Autounfall ums Leben gekommen. Tilda bekam im Laufe der Jahre drei Kinder, die sie neben Küchenbetrieb, Gästebetreuung und all den anderen Arbeiten im Hotel großzog. Gero kümmerte sich um die Akquise, leitete den Empfang und engagierte sich mit den Jahren mehr und mehr politisch. Mit diesem Engagement wurde seine Beteiligung an der Arbeit im Hotel immer weniger, die von Tilda allerdings immer mehr. Die Jahre vergingen, das Hotel wuchs, die Kinder auch. Gero wurde schnell Bürgermeister, dann Landrat und schließlich Minister im Landesparlament. Mit dem Hotel wollte er immer weniger zu tun haben, Tilda machte das ja schon. Die beschwerte sich auch lange nicht, denn die Politik war das Steckenpferd ihres Mannes, und sie freute sich mit ihm über seinen Erfolg. Tilda nahm ihm alles ab, was in den Weg trat, hielt ihm den Rücken frei, belastete ihren Mann nicht mit den Belangen des Hotels. Das alles wäre auch nicht so schlimm gewesen, wenn … ja, wenn … da nicht plötzlich Zweifel aufgekommen wären. Bei Durchsicht alter Unterlagen, die sie für einen Versicherungsfall benötigte, stellte die Frau fest, dass ihr ganzes Hab und Gut, somit natürlich auch der Hotelbetrieb, noch immer auf Geros Namen lief. Darüber hatte sie nie nachgedacht – es war kein Thema zwischen den beiden. Ein kurzer Gedanke erschreckte sie: „Was, wenn Gero plötzlich …"

Nein! Schnell verwarf die Frau ihn wieder. Schließlich war das trotzdem alles ihr gemeinsames Werk. Einmal darauf angesprochen, meinte ihr Mann nur kurz: „Ach Schatz, was redest du da für dummes Zeug, natürlich gehört das alles uns gemeinsam. Du bist doch meine Frau."

Die aber hinterfragte ihr Leben inzwischen ab und an und immer mehr. Die Kinder hatten kein Interesse am Hotelbetrieb, waren beruflich in anderen Regionen unterwegs. Also hing die Arbeit weiter an Tilda. Ihr Mann kam immer seltener nach Hause, die Politik war wichtiger. Wenn er einmal auftauchte, war er ganz Politiker, in Anzug und Krawatte, sonnengebräunt, mit manikürten Händen und gezupften Augenbrauen. Im vergangenen Monat hatte sie bemerkt, dass er seine grauen Schläfen hatte färben lassen. Tilda fragte sich mehr und mehr: „Ist das Gero? Der Mann, den ich vor über dreißig Jahren geheiratet habe?"

Kurz vor Weihnachten, die Kinder hatten ihnen gerade mitgeteilt, dass sie zum Weihnachtsfest diesmal nicht nach Hause kommen würden, machte Tilda eine Entdeckung, die sie sehr verwunderte, gleichzeitig aber auch erfreute. Eigentlich war es noch nie vorgekommen und auch nicht Geros Art, ihr große Geschenke zu machen. Nun aber hatte Tilda in seinem Anzug zufällig die Rechnung für ein Schmuckstück gefunden. Schmuck hatte er ihr noch nie geschenkt. Es handelte sich um die Rechnung für einen Ring mit Brillanten. Die Beschreibung sagte aus, dass es sich um einen Einkaräter mit sieben kleineren Steinen von insgesamt ebenfalls einem Karat handelte. Der Betrag auf der Rechnung war unfassbar hoch. Tilda wurde es heiß und kalt. Würdigte Gero nun endlich einmal ihr Tun? Die Arbeit, die sie über drei Jahrzehnte in das Haus gesteckt hatte. Würdigte er endlich, dass sie ihm all die Jahre den Rücken freigehalten hatte?

Sie konnte den Heiligen Abend kaum erwarten, vergaß die Sache aber zwischendurch immer wieder, da das Hotel voll besetzt war und die Gäste gerade zu Weihnachten ihre volle Aufmerksamkeit forderten.

Gero kam erst am dreiundzwanzigsten nach Hause und teilte ihr mit, dass er am Tag nach dem Heiligen Abend zu einem politischen Weihnachtsessen zurück in die Landeshauptstadt müsse.

„Wie bitte? Du lässt mich an den Weihnachtstagen alleine? Die Kinder sind nicht da und du nun auch nicht?"

„Ach, du machst das schon. Hast sicher im Hotel genug zu tun!", hatte er geantwortet und sich charmant einem vorbeieilenden Hotelgast zugewandt. Tilda war enttäuscht. Der Ring fiel ihr ein. Was sollte sie mit einem Tausende Euro tollen Schmuckstück, wenn sie an solchen Tagen alleine war?

Und dann kam er, der Heilige Abend. Die Gäste waren versorgt, sie und Gero hatten sich in die Privaträume zurückgezogen, der Weihnachtsbaum erhellte die Stube. Gero hatte den Kamin eingefeuert, denn ums Haus pfiff ein heftiger Sturm, der von Nord über das Wasser kam. Landunter war für die Küste gemeldet.

Die beiden saßen um einen großen runden Tisch, den Tilda weihnachtlich geschmückt hatte. Auf einem Beistelltisch Platten und Schüsseln mit dem Weihnachtsessen, von Tilda in der Hotelküche selbst für sich und Gero bereitet. Sie prosteten sich mit einem guten Rotwein zu, Tilda hatte rote Wangen der Vorfreude. Sicher würde sie ihr Geschenk nach dem Essen bekommen, freute sie sich. Auch das für Gero lag schon bereit. Als Gero sein Glas abstellte, griff er, bevor er zu essen begann, in seine Anzugtasche und holte ein rechteckiges, dünnes Päckchen hervor.

„Hier, meine Tilda, und frohe Weihnachten." Er reichte es ihr über den Tisch.

Verwundert nahm sie es ihm ab. Einen Ring würde es nicht beinhalten, wusste sie sofort. Es war weich und … Sollte das etwa wieder so ein Seidenschal wie in den vergangenen Jahren sein? Einer von der Sorte, wie sie schon zig besaß? Hoffnungsvoll tastete sie das Geschenk ab. Sicher hatte er den Ring darin versteckt. Tilda schaute ihren Mann an und lächelte. Mit schnellen Fingern riss sie das Papier auf, legte den Seidenschal auseinander, aber …

Langsam hob sie den Kopf und schaute zu Gero. Der hatte schon zu essen begonnen und bemerkte ihren Blick nicht.

„Und der Ring?“, entfuhr es ihr.

„Welcher Ring?“ Gero musste husten, er hatte sich wohl verschluckt.

„Der Ring, den du bei dem Juwelier in Hannover gekauft hast, der mit den Brillanten von zwei Karat?“

Gero hustete noch mehr, beruhigte sich, legte das Besteck zur Seite.

„Der war nicht für dich gedacht. Schade, dass du es nun schon heute erfährst. Wollte eigentlich bis nach Weihnachten warten, um dir das Fest nicht zu verderben. Aber wenn wir schon dabei sind …“ Wieder griff er in seine Anzugtasche, holte einen Umschlag heraus und reichte ihn über den Tisch.

„Was ist das?“ Tilda war fassungslos.

„Lies!“, meinte Gero nur und aß weiter.

Tilda öffnete den Umschlag, zog den Brief heraus und begann zu lesen. Schon nach den ersten Sätzen drehte sich alles um sie, die Buchstaben verschwammen, wurden klar und verschwammen wieder, wurden klar …

Dann verstand Tilda. Sie schaute von dem Schreiben auf, blickte ihren Mann an, der nur kauend mit den Achseln zuckte.

„Was … was … Scheidung? Ich verstehe nicht“, stotterte sie.

„Was verstehst du an dem Wort Scheidung nicht? Ist das nicht klar? Ich habe eine andere Frau kennengelernt, sie passt besser zu mir und kann mich auch entsprechend repräsentieren. Bettina ist Volkswirtin, und ich habe beschlossen, dass sie das Hotel übernehmen wird. Es gehört ja mir, wie du weißt. Ich habe es vor unserer Heirat übernommen, also gehört es nicht zum Zugewinn. Der Anwalt hat dir in diesem Schreiben einen Vorschlag unterbreitet, den du akzeptieren oder ablehnen kannst.“ Geros Stimme war so kalt, dass es sie fröstelte. Er ließ es sich nicht nur weiter schmecken, sondern forderte sie sogar auf, ihm noch etwas von dem köstlichen Braten aufzutun. „Hast wieder einmal gut gekocht, das kannst du besser als Bettina, muss ich schon zugeben“, lobte er.

Tilda las nochmals die letzten Zeilen des Schreibens, stand auf und ging um den Tisch herum. Vom kleinen Nebentisch, auf dem Schüsseln und Platten des Weihnachtsessens standen, griff sie sich das Tranchiermesser.

Langsam trat sie hinter ihren Mann, drehte das Messer in der Hand und setzte es genau dort an, wo es seine Wirkung haben würde. Zwischen zwei Rippen. Gero bemerkte es nicht. Tilda lehnte sich mit dem Brustkorb gegen den Knauf des Messers und drückte mit ganzer Kraft zu. Während die Klinge in seinen Rücken eindrang, riss Gero erst stumm den Mund, dann ungläubig die Augen auf, die nach Sekunden ihren Glanz verloren. Sein Oberkörper fiel nach vorne, der sonnenstudiogebräunte Kopf landete im Festtagsbraten zwischen Rotkohl und Klößen. Soße, vermischt mit Rotkohl, spritzte auf, vermischte sich mit Haargel und tropfte langsam zurück in das Festessen.

Anschließend legte Tilda das Messer zurück an seinen Platz, setzte sich zu ihrem toten Mann an den Tisch und beendete ihr Festmahl. Danach griff sie zum Handy und tippte eine Nummer ein.

Nachdem sie das Gespräch beendet hatte, sprach sie über den Tisch zu ihrem toten Mann: „Deine Neue als Chefin und ich als eure Angestellte? Ganz bestimmt nicht!"

*****

Wie heißt es doch? – Hinter einem erfolgreichen Mann steht eine kluge, Frau! Achtung, Männer! Manchmal hat sie ein Messer in der Hand.

Zwei olle Ostfriesinnen und die stillen Stunden

Alles erzählten sie nicht, an den Adventssonntagen, wenn die Familie zusammensaß. Manches, weil sie nicht darüber sprechen wollten, manches aber hielten sie einfach noch zurück.

„Früher“, so erinnerte sich Jettchen, als sie zu zweit am Abend vor „Heilig Tag“ bei Kerzenschein zusammensaßen, der Herd bollerte im Hintergrund, „früher war es im Haus bitterkalt in den Winternächten. Weißt du noch, Schwester“, wollte sie wissen, „wie wir unter unseren Decken gefroren haben?“

„Ja, das vergesse ich nie im Leben. Kalt war's, egal wie dick das Federbett auch war.“

„Feucht und kalt war's!“, ergänzte Jettchen. „Die Feuchtigkeit zog in die Federn, und ich wurde nie warm. Zwei Nachthemden übereinander hab' ich getragen, dicke Socken, eine lange Unnerbüx und eine dicke Winterbettjacke dazu.“

„Ich auch. Und trotzdem konnte man die Arme nicht unter der Decke hervortun.“

„Stimmt!“ Dann leuchteten Jettchens Augen auf. „Nur an den Weihnachtstagen, da war es warm im Bett!“

„Ach Schwester, ja! Da habe ich sogar mit Armen auf der Decke geschlafen. Nein, eigentlich wollte ich gar nicht schlafen, so schön war das.“

Dann herrschte eine Weile Stille in der Küche der beiden Ostfriesinnen, jede hing ihren Gedanken nach. Die Zeit der Kindheit kam hoch. Weihnachten … Das schönste Geschenk für beide war damals, dass die Stube des Hauses – Jettchen und Fienchen schliefen gemeinsam in einem Butzenbett in der Wohnstube des Elternhauses – dann für ein paar Tage geheizt war. Sonst nie. Lediglich zu Geburtstagsfeiern oder zu Weihnachten wurde die gute Stube genutzt und dann auch geheizt. Leider hatten alle in der Familie in Sommermonaten Geburtstag, sodass es nur an Weihnachten die Gelegenheit gab, die Stube zu heizen. Oma Jettchen seufzte tief, Fienchen schloss sich ihr an.

„Und einmal Schwester, weißt du das auch noch, haben wir den Heiligen Abend im Stall verbracht." Jettchen schubste ihre Schwester an.

„Und du warst schuld!", kam es von der.

„Ich?" Jettchen blickte unschuldig.

„Ja, du. Du hast uns angestiftet, durch das Dorf zu laufen und überall dort, wo Licht brannte, einen Schneeball gegen die Scheibe zu werfen."

„Jaaa", gab die nun kichernd zu, „aber es ging ja auch immer gut, und keiner hat uns …"

„Bis auf einmal!", wurde sie dann unterbrochen. Fienchen stellte ihre Teetasse zurück, dass es nur so klirrte.

Beide mussten plötzlich lachen.

„Aber schön war's doch im Nachhinein. Angst hatte ich keine. Du, Schwester?"

Fienchen schüttelte den Kopf. „Wie denn, Simon war doch dabei, der hat auf uns aufgepasst. Ach ja, der Simon ist nun auch schon dreißig Jahre nicht mehr unter uns", resümierte Fienchen.

„Doch, *unter uns* schon, zwei Meter, aber eben nicht mehr unter uns!", erklärte Jettchen zweideutig. „Der liegt up dem Karkhoff!"

„Tztztz!", kam es von Fienchen. „Die Aktion hat uns damals eine Nacht in Hinnerks Scheune im Heu und am nächsten Tage lange Ohren eingebracht."

„Alles nicht so schlimm!", verkündete Jettchen dann, „viel schlimmer fand ich, dass wir Heilig Abend, den brennenden Baum und das Weihnachtsessen verpasst haben. Würstchen mit Kraut und Senf."

„Ja, und das Weihnachtssingen", meinte Fienchen träumerisch.

„Warum musste der olle Hinnerk uns auch durch seinen Hof jagen und im Stall einsperren?"

„Meinst du, die Eltern wussten das? Meinst du, Hinnerk hat sie informiert?", wollte Jettchen wissen.

„Sicher. Mutter hätte doch Himmel und Hölle in Bewegung gesetzt, uns zu suchen. Die Eltern wussten das, hielten es aber für eine gute Strafe dafür, dass sie dem Hinnerk die kaputte Scheibe ersetzen mussten."

Fienchen nickte.

Wieder herrschte nachdenkliche Stille. Bis Fienchen fortfuhr: „So schrecklich kalt war es früher. Ich darf gar nicht daran denken. Die Fensterscheiben waren dick mit Eis zugefroren."

Jettchen nickte zustimmend und setzte nach: „Tagsüber fanden wir das schön, haben Muster hineingeritzt, aber nachts habe ich die Kälte verflucht."

Wieder herrschte eine Weile Stille in der Küche, bis Fienchen aufstand, die Ofentür öffnete und ein Stück Holz nachlegte.

„Ach Schwester!", seufzte sie dann.

„Ich weiß!", antwortete Jettchen und überlegte: „Morgen ist ‚Heilig Tag'. Über neunzigmal haben wir schon Weihnachten gefeiert, wie viele Weihnachtsfeste wir wohl noch haben?"

„Ein paar doch wohl, will ich hoffen!"

„Ja, wir alle zusammen. Ich freu mich so, dass morgen die Kinder wieder zu uns kommen."

„Ja, ein großes Glück ist das. Aber vorher muss ich die Wohnung blitzblank machen."

„Ach Schwester, du nun wieder."

„Hilft ja nix! Kümmere du dich um das Essen."

Wieder war es eine Weile still in der Küche.

„Gut, dass wir uns haben, Schwester!", flüsterte Jettchen und griff über den Tisch nach Fienchens Hand.

Die nickte stumm und seufzte kurz darauf ebenfalls: „Ach Schwester!"

„Ja!", stimmte Jettchen zu.

Die beiden schauten sich an.

„Sollen wir, Schwester?", fragte Jettchen leise und drückte Fienchens Hand.

„Du meinst …?"

„Ja, so wie jedes Jahr, seit ich denken kann. Ganz für uns in aller Stille."

„Seit über neunzig Jahren, Schwester. Ja, lass es uns tun."

Jettchen rutschte auf der Esstischbank näher an Fienchen heran, löschte die Kerze auf dem Tisch und legte den Arm um sie. Die Schwestern blickten durchs Fenster in den winterlichen Sternenhimmel und begannen leise zu singen.

Mörgen kummt de Wiehnachtsmann
brengt uns moje Saken.
Spöltüg, Schöfels, Schoh un Kleer,
Äppels, Koken un veel mehr,
ja he will uns allen weer
heel völ Bliedskupp maken

Mörgen kummt de Wiehnachtsmann
dat sall weer was geven!
Och wat maakt he uns wall blied,
weer dat doch man erst sowiet,
Kinners ne, ik kann de Tiet
faast neet mehr oftöven
(Ursprungstext Hoffmann von Fallersleben;
frei übersetzt)

Zum Schluss

Das waren sie, meine spannenden Anekdötchen und Anektötchen aus Ostfriesland.

Sie geben euch Einblick in das oft harte Leben in einer früher kargen und armen Gegend. Zeigen Humor, Pfiffigkeit und Gemütsruhe der Ostfriesen, aber auch, dass Ostfriesland ein gefährliches Pflaster sein kann.

Und denkt daran, hier war viel Fantasie im Spiel.

Zur Erklärung

In Ostfriesland gibt es viele Bezeichnungen und Ausdrücke, die man andernorts nicht kennt. Ich habe versucht, sie in den jeweiligen Passagen zu erklären. Allerdings sind die Aussprache und Schreibweise oft von Dorf zu Dorf, von Region zu Region unterschiedlich.

Früher hat man die Nachnamen der Leute gegen ihren Beruf ausgetauscht. Unter anderem, weil viele den gleichen Nachnamen hatten.

So hieß
Jan Janssen, von Beruf Bauer, eben Jan Buur
dann gab es auch
Hermann Asch – den Müllmann
Ammo Sarg – den Bestatter
Hans Bank – den Banker
Enno Melk – den Milchmann
Hein Bakker – den Bäcker
Und manch einen ruft man auch noch heute so.

Und hier, wie angekündigt:

Rezept

Bohnsopp

Ein alkoholisches Getränk mit Rosinen zur Geburt und Begrüßung eines ostfriesischen Babys. Es ist die Aufgabe des werdenden Vaters, das Getränk rechtzeitig anzusetzen.

Für ca. 1 Liter:
500 Gramm Rosinen
1 Flasche Branntwein
150 Gramm Kandiszucker
5 EL Rum

Rosinen in warmem Wasser waschen und zusammen mit den anderen Zutaten in einem Topf 3–4 Wochen ziehen lassen. Zwischendurch ab und an umrühren. Sind die Rosinen prall und dick wie Kinderzehen (Kinnertön), ist das Getränk fertig.

Nebenbei: Bitte lasst euch nicht täuschen, die Ostfriesische Bohnensuppe (Bohnsopp) macht nicht satt, sondern beschwingt. Den Heimweg sollte man besser zu Fuß antreten.

Und nun …

… verabschiede ich mich mit einer Umarmung und sage

Danke für eure Treue

Eure Gaby Kaden

Im Verlag CW Niemeyer bereits erschienen ...

„Komm, komm zu mir", lockte er heiser, „Kommst du nicht, werde ich sterben ..."

Die Liebesnacht am Strand wird für Sanna zur Hölle. Ihr Geliebter hängt aufgespießt an einem Strandwagen, ein langer Holzstiel ragt aus seiner Brust. Tage später wird der Anführer von „Thorgodins Kindern", einer sektenartigen Verbindung, tot aufgefunden. In seinem Kopf klafft ein riesiges Loch.
Als kurz darauf in einem Windpark zwei der Ungetüme umfallen, ist Tomke und ihren Kollegen klar: Das war kein Unfall. Schon lange kämpfen Bürgerinitiativen gegen die „Götter des Windes" ... Das Ermittlerteam von der Küste ist gefordert.

Gaby Kaden. Küstengötter
416 Seiten. Klappenbroschur. ISBN 978-3-8271-9475-6
E-Book 978-3-8271-8534-1 (Pdf)
978-3-8271-8333-0 (Epub)

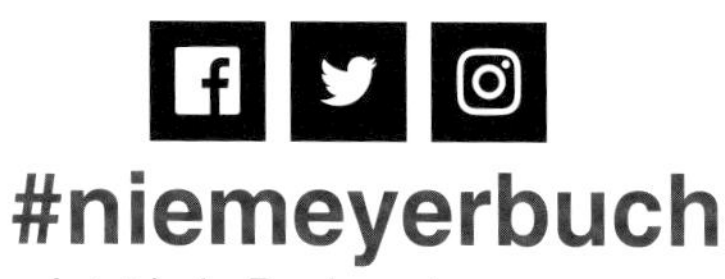

Im Verlag CW Niemeyer bereits erschienen ...

„Die Rote muss weg, egal wie!"
Um den letzten Willen ihres Ex-Mannes zu erfüllen, kommt die Bayerin Franziska Gronewald nach Ostfriesland. Das allerdings entpuppt sich als gefährlich. Zuerst eines Mordes beschuldigt, wird sie kurz darauf selbst Opfer eines Giftanschlages. Welches Geheimnis hüten die „drei toten Tanten" vom Hyggehof? Was haben sie gegen die rothaarige Frau aus Bayern? Wer tötet mit einem seltenen Gift? Und dann … Oma und Tant' Fienchen haben etwas gehört, was nicht für ihre Ohren bestimmt war. Sind die beiden alten Ostfriesinnen die nächsten Opfer? Zum Glück ist das Ermittlerteam aus Ostfriesland wieder komplett. Gemeinsam gehen sie auf Spuren- und Mördersuche.

Gaby Kaden. KüstenBande
432 Seiten. Klappenbroschur. ISBN 978-3-8271-9374-2
E-Book 978-3-8271-8633-1 (Pdf)
978-3-8271-8425-2 (Epub)

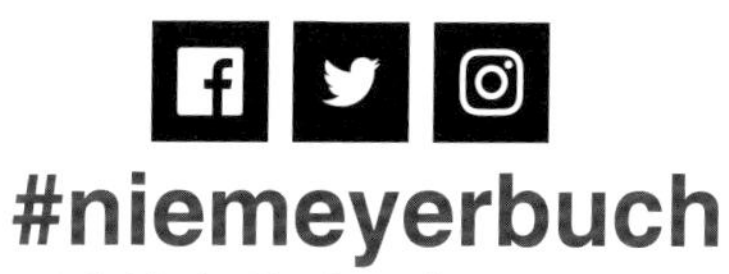

Jetzt kein Buch mehr verpassen